| 일러두기 |

- 인명과 지명은 국립국어원의 외래어 표기법을 따르되 이미 굳어진 경우 관례에 따라 표기했습니다.
- 역사 용어는 학계의 일반적인 표기를 따랐습니다.
- 이 책에 실린 사진 중 저작권자와 접촉이 되지 않는 등 불가피한 사정으로 사용 허가를 받지 못한 사진에 대해서는 저작권자의 허락을 구하는 대로 승인을 받고 사용료를 지불하겠습니다.
- 이 책에 실려 있는 지도와 그림의 저작권은 별도의 표기가 없는 한 (주)스푼북에 있습니다.

7 혁명의 시대

글 신현수 그림 이은열 감수 박소연·손은혜

한눈에 세계사

쾅!

열다

• 차례

1장
세상을 바꾼 산업 혁명 ... 006

산업 혁명을 일으킨 옷감 짜는 기계 | 농업 중심 사회에서 산업 중심 사회로 | 영국에서 산업 혁명이 시작된 이유 | 자본주의와 도시의 성장 | 산업 혁명의 어두운 그늘 | 산업 혁명 시대의 어린이 노동 문제

2장
독립 혁명과 미국의 탄생 ... 028

영국과 식민지 사이에 일어난 독립 전쟁 | 자유·평등·인권을 강조한 독립 선언서 | 영국군을 물리친 대륙군 | 새 나라, 미국의 탄생 | 미국을 상징하는 자유의 여신상

3장
자유와 평등을 외친 프랑스 혁명 ... 050

불평등한 신분제 | 테니스 코트의 서약 | 프랑스 혁명과 인권 선언 | 루이 16세 처형과 공포 정치

4장
널리 퍼진 자유주의와 민족주의 … 070
나폴레옹의 등장과 몰락 | 프랑스 혁명의 의의 | 유럽으로 퍼져 나간 자유주의 | 7월 혁명과 2월 혁명 | 영국의 참정권 확대 운동 | 이탈리아와 독일의 통일

5장
미국의 발전과 러시아의 근대화 … 090
미국의 영토 확장과 남북 대립 | 노예제가 폐지되고 날아오른 미국 | 잇달아 독립한 라틴아메리카 | 근대화를 위한 러시아의 노력

6장
제국주의의 등장과 약소국의 시련 … 110
약소국을 노린 제국주의 | 유럽의 식민지가 된 아시아와 아프리카 | 아편전쟁 | 태평천국 운동 | 양무운동 | 조선과 중국을 침략한 일본 | 변법자강 운동 | 의화단 운동 | 신해혁명

7장
19~20세기의 과학 기술과 문화 예술 … 136
자연 과학과 기술의 발달 | 발명의 시대에 쏟아져 나온 발명품들 | 낭만주의와 사실주의

1장
세상을 바꾼 산업 혁명

| 산업 혁명을 일으킨 옷감 짜는 기계
| 농업 중심 사회에서 산업 중심 사회로
| 영국에서 산업 혁명이 시작된 이유
| 자본주의와 도시의 성장
| 산업 혁명의 어두운 그늘
| 산업 혁명 시대의 어린이 노동 문제

18세기는 세계사에서 가장 커다란 사건이라고 할 수 있는 산업 혁명이 일어난 시기야. 산업 혁명은 면직물을 한꺼번에 더 빨리, 더 많이 만들어 내고자 방직기와 방적기 같은 기계를 발명하면서 시작되었어. 그전까지 수공업으로 상품을 만들던 사람들은 이제 기계 설비를 갖춘 큰 공장에서 대량으로 상품을 만들기 시작했어. 증기 기관을 이용한 기계들이 등장하고 증기 기관차와 증기선 등 운송 수단도 연이어 발명되었지.

산업 혁명은 영국에서 시작되어 세계로 확산되었어. 그 결과 세계가 산업 중심으로 바뀌었고 인류의 생활 모습까지 크게 변했어. 오늘날 세계 경제의 바탕이 되는 자본주의도 산업 혁명에서 비롯되었어.

그러나 산업 혁명이 진행될수록 여러 가지 문제도 생겨났어. 노동자들이 제대로 대접받지 못하고 여성과 어린이들이 노동력을 착취당하는 일이 벌어졌거든. 인구가 도시로 몰리면서 심각한 환경 문제도 생겨났단다.

그럼 산업 혁명이 어떻게 일어나고 진행됐는지 좀 더 자세히 알아볼까?

◀ 산업 혁명 당시의 모습을 그린 그림

산업 혁명을 일으킨 옷감 짜는 기계

1700년대 유럽에서는 목화솜에서 실을 뽑아서 짠 면직물이 큰 인기를 끌었어. 원래 영국에서는 양털로 만든 모직물이 으뜸으로 꼽혔는데, 1600년대 들어 인도에서 만든 면직물이 수입되면서 인기 품목이 바뀌게 된 거야. 면직물은 모직물보다 값이 저렴한 데다가, 질기면서도 가볍고 부드러워서 빨래하기도 쉽고 염색하기도 좋았거든. 영국 정부는 면직물이 인기를 끌자 인도에서 들어오는 면직물에 세금을 물렸어. 인도의 면직물이 싸면 영국의 모직물이 팔리지 않으니 인도의 면직물에 세금을 매겨 가격을 올려 영국의 모직물 산업을 보호하려고 했던 거야. 수입한 면직물을 팔기 어려워지자 영국 상인들은 영국에 공장을 차려서 면직물을 만들기 시작했지. 그렇게 하면 인도에서 면직물을 수입하는 것보다 더 많은 돈을 벌 수 있었거든.

그런데 문제가 생겼어. 면직물을 사려는 사람은 많은데 면직물을 만들어 내는 속도는 무척 더뎠던 거야. 목화솜에서 실을 뽑는 것도, 실로 옷감을 짜는 것도 모두 사람의 손으로 해야 하니 그럴 수밖에 없었어.

"주문은 점점 늘어나는데 일손은 달리니 큰일이군. 무슨 수를 내야지 안 되겠어."

"어떻게 하면 좀 더 빨리, 한꺼번에 많은 양의 면직물을 만들어 낼 수 있을까?"

면직물을 만드는 일을 하는 사람들은 이런 고민을 했지.

그러던 중 1733년, 영국의 존 케이가 '플라잉 셔틀(나는 북)'을 설치한 직물 기계를 발명했어. 그전에는 사람이 베틀에 달린 '북'이라는 도구를 가지고 세로 방향으로 펼쳐 놓은 날실 사이사이를 가로 방향으로 계속 왔다 갔다 하며 통과시켜야만 옷감을 짤 수 있었어. 사람 손으로 하니까 속도가 더딜 수밖에 없었지. 그런데 플라잉 셔틀을 설치한 직물 기계를 통해 한 명의 직공이 방적공 열 명분의 실을 이용해 직물을 생산할 수 있게 되었어. 이 기계가 발명된 뒤 면직물을 짜는 속도는 무척 빨라졌어. 그런데 옷감 짜는 속도가 빨라지자, 이번에는 실을 뽑는 속도가 문제가 됐어. 사람이 일일이 물레를 돌려서 목화솜에서 실을 뽑으니 그럴 수밖에 없었지.

▲ 존 케이가 발명한 플라잉 셔틀이 사용된 방직기

▲ 옷감을 짤 때 사용하던 도구인 북이야.
베틀에 여러 개의 날실을 세로 방향으로 고정하고
그 위로 북을 이동하며 엮어서 옷감을 만들지.

그러자 영국의 제임스 하그리브스가 1765년 무렵에 '제니 방적기'라는 걸 발명했어. 목화솜에서 실을 좀 더 빨리, 잘 뽑아낼 수 있는 기계였지. 이어 1768년에는 영국의 리처드 아크라이트가 물이 위에서 아래로 떨어지는 힘, 즉 수력을 이용해 실을 만드는 '수력 방적기'를 발명했어. 이런 발명 덕분에 면직물을 생산해 내는 속도가 엄청나게 빨라졌단다.

◀ 제니 방적기야. 하그리브스가 발명한 제니 방적기 덕분에 영국의 면직물 산업은 크게 발달할 수 있었어.

하그리브스의 딸인 제니가 우연히 물레를 뒤집어 버린 것에서 힌트를 얻어 만들어졌어. 그래서 '제니'라는 이름이 붙었지.

◀ 아크라이트의 수력 방적기야. 수력 방적기는 한 번에 여러 가닥의 실을 뽑아낼 수 있었어.

1769년에는 더 어마어마한 기계가 등장해 사람들을 놀라게 했어. 영국의 기계 기술자 제임스 와트가 새로운 증기 기관을 선보인 거야. 증기 기관이란 물을 끓일 때 나오는 증기의 압력을 이용해 기계를 움직이는 장치야. 사실 증기 기관은 와트 이전에 이미 발명된 물건이었어. 그런데 효율적이지 못한 데다가 고장이 자주 나서 거의 사용되지 않고 있었지. 와트는 오랜 연구 끝에 이전보다 훨씬 효율적인 새로운 증기 기관을 개발해 냈어.

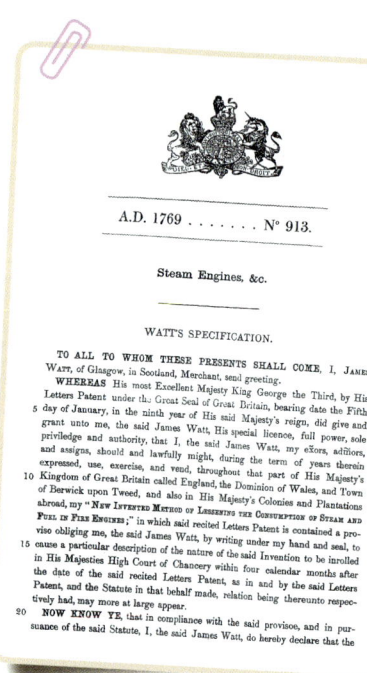
▲ 1769년 제임스 와트가 취득한 증기 기관 특허장

이처럼 방직기와 방적기가 잇달아 발명되고 효율적인 증기 기관까지 개발되면서 영국에서는 면직물을 공장에서 기계로 만들어 내는 '공장제 기계 공업 시대'가 활짝 열리게 되었어. 영국의 면직물 공업은 눈부시게 발전했고 맨체스터에서 만들어 낸 면직물은 리버풀 항구로 옮겨져 전 세계로 팔려 나갔지.

농업 중심 사회에서 산업 중심 사회로

면직물 공장에 증기 기관이 쓰이면서 석탄 산업과 철강 산업도 덩달아 발달했어. 증기를 만들려면 석탄으로 불을 지펴 물을 끓여야 하고, 기계를 만들려면 철이 필요했기 때문이야.

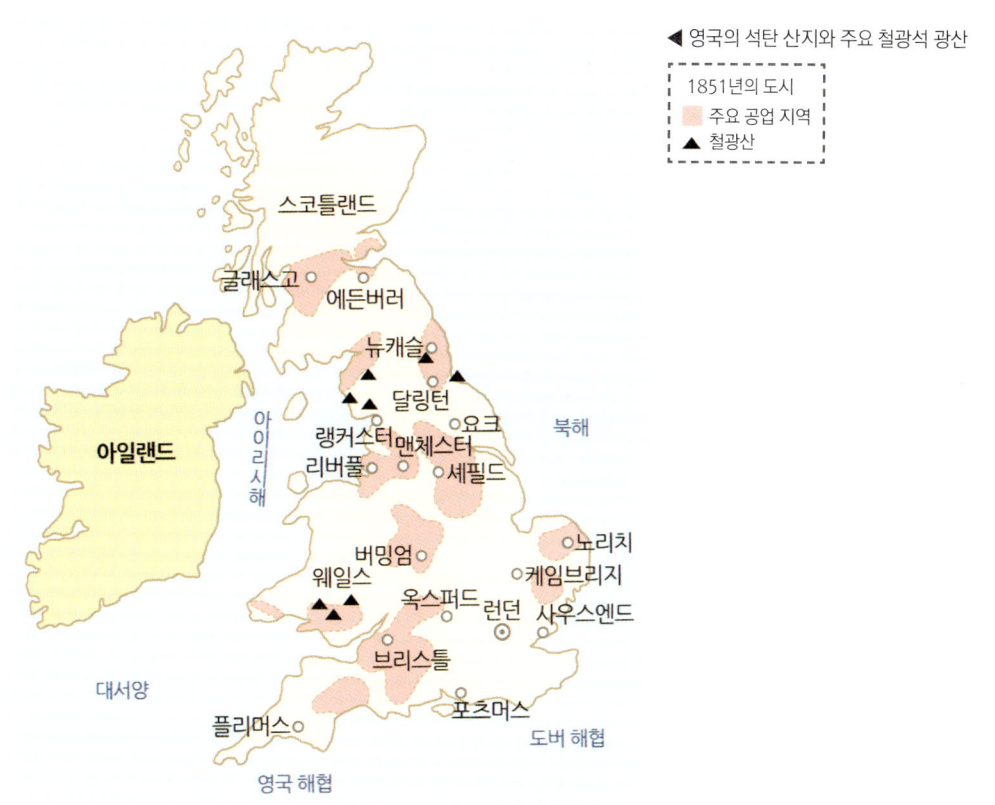

◀ 영국의 석탄 산지와 주요 철광석 광산

증기 기관 덕분에 운송 수단도 발달했어. 공장에서 한꺼번에 많은 물건을 만들 수 있게 되자 생산된 제품과 원료를 더 빨리, 더 멀리 실어 나를 수 있는 운송 수단이 필요해졌거든.

1807년에 미국의 로버트 풀턴은 증기의 힘으로 움직이는 배, 즉 증기선을 선보였어. 영국의 조지 스티븐슨은 1824년부터 맨체스터와 리버풀을 잇는 철도를 설치하고 1829년에 자신의 증기 기관차 로켓호를 달리게 하여 1830년에 개통했지. 증기선과 증기 기관차 덕분에 사람들은 제품의 원료와 완성된 제품을 한꺼번에 멀리까지 실어 나를 수 있게 되었지.

◀ 풀턴이 만든 증기선 클러먼트호

▼ 스티븐슨이 만든 증기 기관차 로켓호

모스 부호는 점과 선을 조합해서 문자와 기호를 나타내도록 한 전신 부호란다.

이뿐만이 아니야. 산업 혁명 시대에 먼 거리에 있는 사람들끼리 소식을 주고받을 수 있는 통신 수단도 발명되었어. 1844년에는 미국의 발명가 새뮤얼 모스가 멀리 떨어진 곳에서도 전기 신호로 정보를 주고받을 수 있는 전신 부호를 발명했지. 이것이 모스 부호야.

1876년에는 영국 태생의 미국 과학자 알렉산더 그레이엄 벨이 전화기를 만들어 특허를 따냈어. 멀리 떨어져 있는 사람들이 서로의 목소리를 듣고 이야기를 나눌 수 있는 전화기는 당시에 굉장히 신기한 물건이었지. 이렇게 운송 수단과 통신 수단이 발명되면서 사람과 물자가 더 빠르게 교류할 수 있게 되었어.

　이처럼 기계가 발명되고 산업이 발달해 물건이 대량으로 만들어지면서 사람들의 삶도 크게 달라졌어. 예전에는 생활에 필요한 물건이나 먹을거리를 집집마다 직접 구해야 했어. 물물 교환과 화폐 거래도 있었지만 지금처럼 쉽지가 않았지. 하지만 산업 혁명 이후에는 누구나 원하는 물건을 싼값에 손쉽게 구할 수 있게 됐어. 증기선과 증기 기관차 덕분에 먼 거리도 빠르고 안전하게 다니고, 전신과 전화를 이용해 정보도 보다 빠르게 전할 수 있게 되었지.

◀ 유럽의 산업화와 철도망의 확산

　산업화된 지역
　1848년까지 개통된 철도
　인구 25만 명 이상의 도시

기계와 기술이 발달하면서 산업과 생활에 커다란 변화가 생겨나고 면직물 산업, 철강 산업, 석탄 산업, 철도 산업 등 여러 산업이 서로 영향을 받으면서 크게 발전한 것을 '산업 혁명'이라고 해. 영국에서 시작된 산업 혁명은 유럽 전체는 물론 미국, 러시아, 동남아시아, 라틴아메리카 등 전 세계로 퍼져 나갔어. 세계는 농업 중심 사회에서 벗어나 산업이 중심이 되는 사회로 바뀌게 되었지.

영국에서 산업 혁명이 시작된 이유

그렇다면 산업 혁명이 영국에서 가장 먼저 일어난 몇 가지 특별한 이유를 알아볼까?

첫째, 18세기 중엽 영국은 청교도 혁명과 명예혁명을 치른 뒤 정치적으로 많이 안정된 데다, 상공업이 발달해 산업 혁명이 일어날 수 있는 토대가 마련돼 있었어.

둘째, 영국은 일찌감치 봉건제와 장원제가 무너져 영주 대신 돈 많은 지주와 젠트리라는 중산 계급이 등장해 있었어. 자영농과 귀족 사이의 중산 계급이었던 이들은 큰 농장을 지어 농작물을 재배하거나 양을 길러 모직물을 생산했어. 이들 때문에 농민들은 농토에서 쫓겨났지. 농민들이 일자리를 찾아 도시로 나오면서 공장에는 일할 노동력이 넘쳐나게 되었어.

셋째, 당시 영국은 많은 식민지를 거느리고 있어서 나라의 재정이 넉넉했어. 식민지에서 원료를 싼값에 가지고 와서 영국에서 물건을 만든 뒤, 다시 식민지에 내다 팔면서 경제적으로 큰 이익을 얻고 있었지.

넷째, 영국은 공업이 발전하는 데 없어서는 안 되는 석탄, 철 같은 자원이 풍부했어. 석탄으로는 증기 기관을 운행하고, 철로는 공장에서 필요한 기계를 만들었지.

▲ 1851년에 열린 만국 박람회

만국 박람회에는 기관차, 선박용 엔진, 정교한 기계 등 영국 제품이 전시장 대부분을 차지했어.

다섯째, 공장에서 물건을 만들어 냈을 때 상품을 살 수 있는, 혹은 사려고 하는 시민들도 충분히 있었어.

이처럼 당시 영국은 정치가 안정되고 자본과 자원이 풍부했으며 공장에서 일할 수 있는 노동자가 많았어. 거기다 공장에서 만든 물건을 팔 수 있는 시장도 마련되어 있었기 때문에 영국에서 산업 혁명이 시작될 수 있었던 거야.

자본주의와 도시의 성장

산업 혁명으로 영국 사회에는 커다란 변화가 일어났어. 그전까지 지배 계급인 귀족과 피지배 계급인 평민이 있었다면, 산업 혁명 이후의 사회 계급은 '자본가'와 '노동자'로 나뉘게 되지.

자본가는 많은 돈을 가지고 기업이나 공장을 세워 이윤을 내는 사람들을 뜻해. 노동자는 자본가가 세워 이윤을 내는 공장이나 일터에서 일을 하고 임금을 받아 생활하는 사람들이야.

이렇듯 이윤을 얻기 위해 개인이 자유롭게 물건을 만들어 내고 생

▲ 영국의 대표적인 산업 도시

산 활동을 할 수 있게 보장하는 경제 체제를 '자본주의'라고 한단다. 자본가와 노동자라는 신분, 그리고 자본주의라는 개념은 산업 혁명 시대에 처음으로 등장했어.

한편 물건을 대량으로 만들어 내는 공장이 속속 들어서면서 산업 도시도 잇달아 생겨났어. 영국의 맨체스터와 리버풀이 대표적인 산업 도시였지. 맨체스터는 면직물 공장들이 즐비한 면직물 산업의 중심지였고, 리버풀은 맨체스터에서 생산된 면직물을 세계로 실어 나르는 항구 도시로 유명했어. 버밍엄, 셰필드도 이 시기에 산업 도시로 크게 발전했어.

역사 속 상식 쏙

산업 혁명을 이끈 세 주역

산업 혁명 시대에 발명가들은 많은 기계와 발명품을 선보였어. 그중에서도 가장 중요한 발명품을 손꼽는다면 증기 기관, 증기선, 증기 기관차일 거야. 왜냐하면 이 세 가지 덕분에 영국의 면직물 산업이 활성화되고, 꼬리에 꼬리를 물면서 다른 산업도 발전했기 때문이야. 그래서 산업 혁명을 말할 때면 이 세 가지를 세상에 내놓은 발명가 와트, 풀턴, 스티븐슨을 이야기하게 돼.

우선 '산업 혁명의 아버지'로 불리는 와트는 기존의 증기 기관을 수리하다가 새로운 증기 기관을 개발했어. 와트가 새롭게 개발한 증기 기관은 예전의 증기 기관에 비해 성능과 효율이 좋은 데다 연료비도 아낄 수 있었어. 와트의 노력으로 이전까지는 별로 이용되지 않았던 증기 기관이 공장의 기계, 기차, 배 등의 엔진으로 널리 활용되었지. 와트의 증기 기관이 없었다면 산업 혁명도 불가능했을 거야. '와트의 증기 기관 발명 이전과 이후의 세계는 결코 같을 수 없다.'라는 말이 있을 정도란다.

와트의 증기 기관은 다양한 기계의 발전을 가져왔어. 그중에서도 특히 운송 수단의 혁신을 불러일으켰지. 1807년 8월 풀턴이 증기 기관을 장착한 클러몬트호라는 증기선을 미국의 허드슨강에 띄워 뉴욕과 올버니 사이를 운항하게 했어. 원래 96시간이 걸리던 거리를 클러몬트호는 32시간 만에 도착해 사람들을 놀라게 했지.

스티븐슨은 1814년에 증기 기관을 사용한 증기 기관차를 발명한 데 이어, 1825년에 영국의 스톡턴과 달링턴 사이에 철도를 놓아 '로커모션호'를 달리게 했어. 이로써 철도 수송의 시대가 시작되었지. 증기 기관차의 발명으로 물자와 사람을 운송하는 일이 훨씬 빠르고 편리해졌어. 게다가 증기 기관차의 운송료는 이전의 운송 수단에 비해 저렴했어. 이후 유럽 여러 나라도 저마다 철도를 설치하기 시작했단다. 스티븐슨이 '철도의 아버지'로 불리는 건 바로 이런 까닭이야.

▲ 와트

▲ 풀턴

▲ 스티븐슨

산업 혁명의 어두운 그늘

이처럼 산업 혁명은 세계를 놀랍게 변화시켰어. 하지만 그 이면에는 어두운 그늘도 있었단다.

우선 자본가와 노동자가 대립했어. 공장을 세워 물건을 만들어 파는 자본가들은 조금이라도 더 이윤을 남기려고 노동자들을 함부로 부렸어. 제대로 된 임금을 주지 않고 노동자를 착취하는 일이 일어났지. 그런데도 일자리의 수는 정해져 있고 일하고자 하는 사람은 너무 많았기 때문에 노동자들은 울며 겨자 먹기로 적은 임금을 받아 가며 일을 해야만 했어.

▶ 산업 혁명 당시 영국 주요 도시의 인구

단위: 천 명

구분	1750년	1821년	1901년
런던	675	1504	4563
리버풀	35	138	685
맨체스터	45	126	645

노동자들이 일하는 환경은 점점 더 나빠졌고 노동 시간은 길어졌어. 하루 12시간 이상, 심하게는 17~18시간을 일해야 했을 정도라고 하니 알 만하지? 이런 상황이다 보니 노동자들은 아무리 일을 많이 해도 가난에서 벗어날 수 없었고, 비참한 생활을 해야만 했어. 공장에서 일하다가 다치더라도 제대로 보상받지 못하고 쫓겨나기 일쑤였단다.

◀ 산업 혁명 당시 가난한 노동자들이 살던 런던 뒷골목의 모습

 여성과 어린이들의 삶 역시 고달팠단다. 성인 남성 노동자보다 여성 노동자와 어린이 노동자의 임금이 쌌기 때문에 자본가들은 적은 돈을 주고 이들을 마구 부렸어. 그런데 점차 기계가 발달하면서 사람이 할 일을 대신하자 상대적으로 임금이 비싼 많은 남성 노동자들이 일자리를 잃었어. 그러자 여성과 어린이 노동자들이 가정의 생계를 책임지며 일해야 하는 경우가 더 많아졌지.

 이에 남성 노동자들은 기계 때문에 모든 문제가 발생했다면서 '러다이트 운동'을 벌이기도 했단다. 러다이트 운동은 기계의 등장

▲ 러다이트 운동을 묘사한 그림

으로 실업자가 증가하자 노동자들이 기계를 파괴하자며 일으킨 운동이야. 러다이트 운동은 노동자들에 대한 가혹한 처우에 대한 불만까지 합쳐져 영국 전체로 확대되기도 했어.

도시에 공장이 늘어나면서 환경 문제도 심각해졌어. 공장의 굴뚝에서 나오는 시커먼 연기와 산업 폐수는 공기와 물을 오염시켰지.

그뿐만이 아니야. 도시에 노동자들이 몰려들면서 이들이 살 집이 부족했어. 집이 있다 해도 상수도와 하수도, 화장실 등의 시설이 제대로 갖춰지지 않은 경우가 많았지. 이렇게 비위생적인 환경 때문에 콜레라나 이질 같은 전염병이 유행해 많은 사람들이 죽기도 했어.

산업 혁명이 진행될수록 사회 문제는 점점 더 심각해졌어. 자본가는 점점 더 돈을 많이 벌고 잘살게 되는 반면, 노동자들은 점점 더 가난해지고 비참해졌지.

이에 자본주의에 반대되는 사회주의를 주장하는 움직임도 일어났어. 움직임을 주도한 이들은 주로 힘들게 일하는 노동자였어. 이들은 자본가들만 많은 돈을 버는 것이 불합리하다고 생각했지. 사회주의는 모든 사람이 함께 일하고 그 대가를 평등하게 나눠 갖는 사회를 만드는 걸 목표로 하는 사상으로, 당시 노동자들에게 큰 호응을 얻었어.

> 콜레라는 심한 구토와 설사를 일으키는 전염병이야. 콜레라균에 의해 발생하며 사망률이 높은 병이야.
>
> 이질은 설사와 구토 등을 일으키는 전염병으로 심하면 목숨을 잃을 수 있어.

러다이트 운동

1811년에서 1817년 사이에 영국의 중부와 북부의 섬유 공업 지대에서 일어난 노동자들의 반자본주의 운동이야. 이 당시 영국의 공장 지역에서는 비밀 조직의 노동자들이 밤에 가면을 쓰고 공장에 쳐들어가 기계를 마구 부숴 버리는 일이 자주 일어났어. N. 러드라는 인물이 이 비밀 조직을 만들어 이끌었기 때문에 이것을 '러다이트 운동'이라고 해. '기계 파괴 운동'이라고도 부르지.

산업 혁명이 시작되면서 공장에서 물건을 기계로 만들어 내기 시작하자, 많은 사람들이 일자리를 잃었어. 영국의 노동자들은 자신들이 일자리를 잃은 원인이 기계 때문이라고 생각했어. 그래서 기계를 파괴한 것이었지.

러다이트 운동이 전국을 휩쓸자 영국 정부는 주동자를 처형하고 노동자들의 모임을 금지하는 법을 만들었어.

러다이트 운동은 훗날 노동자들이 선거권을 요구하며 전개된 '차티스트 운동'과 노동자들의 권리를 찾기 위한 '노동 조합 운동'으로 발전한단다.

◀ 작업장을 파괴하려는 사람들에게서 자신의 공장을 지키려는 소유주의 모습을 그린 그림

산업 혁명 시대의 어린이 노동 문제

산업 혁명 시대의 많은 어린이는 공장에 나가 노동을 해야 했어. 이들은 주로 가난한 노동자 가정이나 고아원에서 자라는 어린이였지. 자본가들은 이윤을 더 남기기 위해 노동자들에게 임금을 어떻게든 적게 주려고 했어. 그래서 어른 노동자에 비해 임금이 싼 아이들을 데려다가 일을 시켰지. 산업 혁명이 한창일 때 어린이 노동자들은 하루에 12시간에서 16시간씩 일을 했어. 심지어 노동자 중에는 네 살짜리도 있었다고 하니 기가 막히지?

공장주들은 어린이 노동자에게 임금은 쥐꼬리만큼 주고, 밥도 굶

▼ 산업 혁명 당시 섬유 공장에서 일하는 어린이 노동자의 모습

어 죽지 않을 정도로만 주었어. 말을 듣지 않거나 일을 게을리하면 채찍질을 하기도 했지. 그래서 어린이 노동자들은 몸이 상해 일찍 죽는 경우가 많았어. 또한 몸집이 작은 아이들에게 기계 속에 들어가 기름칠을 하게 하는 등 위험한 일을 시켰기 때문에 사고를 당하는 일도 많았지.

영국 정부가 어린이의 노동을 금지한 것은 1842년의 일이야. 어린이에 대한 가혹한 노동이 사회 문제가 되었기 때문이지.

▲ 어린이 노동 문제의 심각성을 나타낸 그림이야. '어린이 노동자 고용주'라고 적힌 커다란 자본가의 손이 어린이들을 짓누르고 아이들은 힘겹게 이를 떠받치고 있어.

📖 세계사가 한눈에 쏙!

01 1733년 영국의 존 케이가 옷감을 짜는 기계인 플라잉 셔틀을 발명하고, 하그리브스가 제니 방적기를, 아크라이트가 수력 방적기를 발명하면서 면직물 산업은 크게 발달하기 시작했다.

02 1769년 영국의 기계 기술자 제임스 와트가 증기 기관을 개량해 선보였고, 이 증기 기관이 여러 기계에 사용되면서 공장제 기계 공업 시대가 시작되었다. 인류 역사에서 가장 획기적인 사건으로 꼽히는 산업 혁명이 시작된 것이다.

03 공장에서 많은 상품을 더 빠르게 생산할 수 있게 되자 이것을 실어 보낼 운송 수단이 필요하게 되었다. 1807년 미국의 로버트 풀턴은 증기선을 발명했다. 또 영국의 조지 스티븐슨은 1814년 증기 기관차를 만들었다. 운송 수단의 발달로 사람과 물자가 더 빠르게 교류하게 되었다.

04 영국에서 시작된 산업 혁명은 유럽 전역과 미국, 러시아를 거쳐 전 세계로 확산되었다. 산업 혁명 이후 세계는 농업 중심 사회에서 산업 중심 사회로 변화되었다. 사회 계급은 자본가와 노동자로 나뉘었고 자본주의 경제 체제가 자리를 잡게 되었다.

05   산업 혁명 당시 노동자들은 열악한 노동 환경과 가난에 시달려야 했다. 자본가들이 이윤을 극대화하기 위해 노동을 착취했기 때문이었다. 기계가 발달하면서 일자리를 잃게 되자 기계 파괴 운동인 '러다이트 운동'이 일어나기도 했다.

06   산업 혁명으로 환경 오염이 일어나고 도시로 사람들이 몰리면서 집과 도시 기반 시설이 부족하게 되는 등 여러 문제들이 발생했다.

07   산업 혁명 시대에 많은 어린이 노동자들이 하루에 12시간에서 많게는 16시간 이상 일했다. 어린이의 가혹한 노동이 문제가 되자 1842년 영국 정부는 어린이의 노동을 금지시켰다.

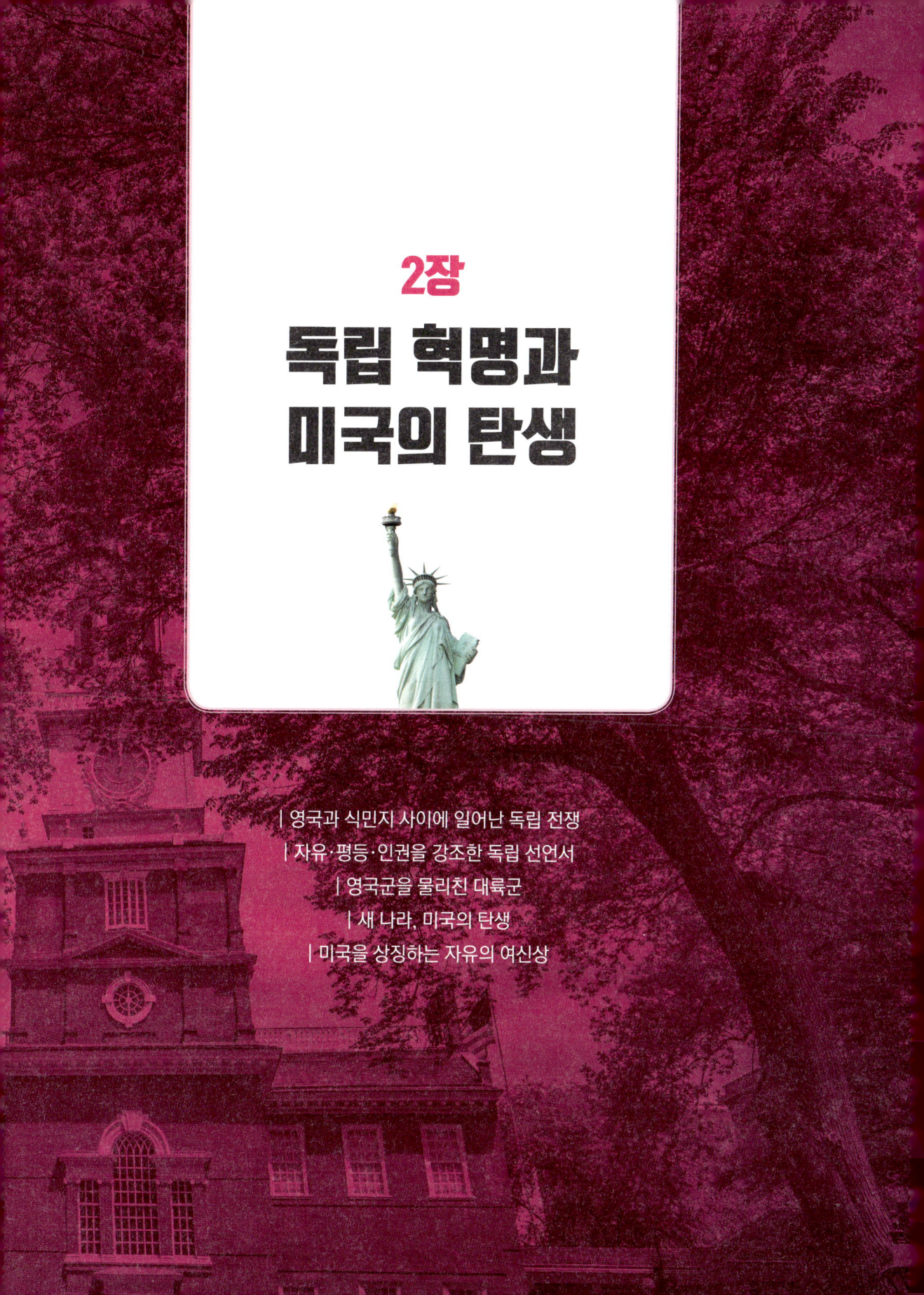

2장
독립 혁명과 미국의 탄생

| 영국과 식민지 사이에 일어난 독립 전쟁
| 자유·평등·인권을 강조한 독립 선언서
| 영국군을 물리친 대륙군
| 새 나라, 미국의 탄생
| 미국을 상징하는 자유의 여신상

영국에서 산업 혁명이라는 거대한 물결이 퍼지고 있을 때, 대서양 너머 아메리카에서도 커다란 움직임이 일고 있었어. 본국인 영국의 간섭에 시달리던 아메리카 식민지 대표들이 독립을 위해 하나로 뭉쳐 미국이라는 새로운 나라를 탄생시킨 거야.

원래 영국은 북아메리카에 13개의 식민지를 두고 있었어. 그런데 세금 문제를 놓고 영국과 식민지 사이에 '보스턴 차 사건'이 일어났단다. 이 보스턴 차 사건이 일어난 뒤 영국은 본격적으로 식민지를 억압하기 시작했어. 참다못한 식민지 대표들은 1774년에 필라델피아에 모여 대륙 회의를 열고 대책을 논의했지. 그러던 중 식민지에서 영국군과 식민지 민병대가 충돌하는 일이 벌어졌어. 식민지 대표들은 대륙군을 정식으로 꾸려 영국의 지배를 거부하기로 했지. 독립 전쟁이 시작된 거야.

오랜 전쟁 끝에 13개 식민지는 1783년에 영국의 지배에서 벗어나 미국, 즉 아메리카 합중국을 탄생시켰단다. 이 과정을 통틀어서 미국 독립 혁명이라고 해.

그럼 영국의 식민지에서 벗어나 미국이 탄생하기까지의 이야기를 살펴보자.

▼ 미국의 독립 전쟁 당시 총사령관인
   조지 워싱턴의 군대가 강을 건너는 모습을 그린 그림

영국과 식민지 사이에 일어난 독립 전쟁

"영국이 우리 아메리카 식민지를 이렇게 탄압하는데 보고만 있을 수 있겠소? 영국에 맞서 싸웁시다!"

"우리는 정식 군대도 없는데 영국을 상대로 맞서 싸우는 건 무리예요. 일단 영국 상품 불매 운동부터 시작합시다."

1774년 9월, 북아메리카 대륙의 13개 식민지 대표들은 펜실베이니아주 필라델피아에 모여 제1차 대륙 회의를 열고 의견을 나눴어. 1773년 '보스턴 차 사건'이 일어난 뒤 영국이 본격적으로 식민지를 억누르는 정책을 펼치기 시작했기 때문이야.

그런데 1775년 4월, 보스턴 근처인 렉싱턴에서 영국군과 식민지 민병대가 충돌하는 사건이 벌어졌어. 보스턴 식민지 주민들이 민병대를 꾸려 영국군과 싸울 준비를 하고 있었는데, 영국군이 이를 눈치채며 전투가 시작되었지.

영국의 세금 횡포에 화가 난 이주민들이 보스턴 항구에서 영국 동인도 회사의 차 상자를 모조리 바다로 던져 버린 보스턴 차 사건의 자세한 설명은 5권을 참고해 줘.

◀ 1775년 벌어진 영국군과 보스턴 민병대의 렉싱턴 전투 장면이야. 이 전투를 계기로 독립 전쟁이 시작되었어.

식민지 대표들은 제2차 대륙 회의를 열고 영국군과 싸울 것인지, 아니면 협상할 것인지를 논의했어. 13개 식민지마다 서로 사정이 다른 데다, 영국군이 워낙 강했기 때문에 전쟁을 망설이는 대표도 있었어. 하지만 결국 식민지 대표들은 영국군에 맞서 싸우기로 하고 '대륙군'을 정식으로 구성한 뒤 조지 워싱턴을 총사령관으로 뽑았어. 워싱턴은 식민지 중에서도 역사가 가장 깊은 버지니아 식민지의 대륙 회의 대표였으며, 버지니아 민병대의 부대장이었어. 게다가 그는 프렌치 인디언 전쟁에서 싸운 경험이 있어 적임자로 뽑혔던 거야. 그는 군사 훈련도 제대로 받아 본 적 없는 민병대를 모아 기본적인 규율부터 바로잡으며 군대를 구축했어.

그러나 당시 식민지 대표들에게는 영국과의 전쟁에서 승리할 수 있을 거라는 믿음은 없었어. 훈련을 제대로 받은 적도 없고 무기도 보잘것없으며 체계도 잡히지 않은 대륙군이 당시 세계 최강국이었던 영국과 싸워서 이긴다고 생각하는 것 자체가 무리였거든. 그런 대륙군에 비해 영국군은 훈련도 잘되어 있는 데다 무기도 우수했으며 전투 경험이 풍부한 군인들이 많았어.

실제로 대륙군은 처음에 영국군에 밀렸단다. 그렇지만 독립 전쟁을 치르는 과정에서 독립에 대한 식민지 사람들의 열망이 더욱 깊어지며 점차 제대로 된 군인으로 거듭나게 되었어. 힘겨운 전쟁 속에서 대륙군의 마음가짐은 더 단단해져 갔지. 1775년 6월 벙커 힐에서 벌어진 전투에서도 대륙군은 패배했지만, 영국군에 큰 피해를 입히는 성과를 얻었어. 대륙군은 자신감을 얻었지. 결국 이 전투는 이후 대륙군이 승리하는 계기가 되었어.

　독립 전쟁이 시작될 무렵 작가이자 사상가인 토머스 페인은 《상식》에서 식민지 사람들이 영국에서 독립하기 위해 전쟁을 하는 것은 정당하다는 주장을 펼쳤어. 이 책에는 독립이 가져오는 이익에 대한 내용도 담겨 있었지. 《상식》은 식민지 사람들에게 독립에 대한 의지를 일깨우고 대륙군의 사기를 드높이는 데 큰 역할을 했어.

▲ 페인

▼ 벙커 힐 전투를 그린 그림

독립 혁명에 영향을 준 《상식》

"영국이 식민지에 적용한 제도는 '모든 사람이 평등하다.'라는 상식에 어긋납니다. 이것이 바로 북아메리카 식민지가 영국으로부터 독립해 새 정부를 세워야 하는 이유입니다."

《상식》에서 페인은 이렇게 주장했어. 특히 영국은 겉으로는 공화정이라고 하지만 사실 왕과 귀족 등 특권층을 인정하는 군주제 국가라고 꼬집었지. 또 영국에는 그동안 훌륭한 왕도 있었지만 나쁜 왕이 훨씬 더 많았으며 그들은 전쟁을 일으키고 왕족과 귀족들에게 관직을 주는 것 말고는 한 일이 없다고 평가했어. 그는 또한 이런 왕보다는 착하고 정직한 보통 사람 한 명이 더 가치 있다고까지 했단다. 아울러 북아메리카처럼 커다란 대륙이 작은 섬나라인 영국의 통치를 받는 것은 우스운 일이라고도 했지. 책의 제목인 '상식'은 바로 식민지가 독립하는 것이 당연한 상식이라는 뜻이야. 식민지 사람들은 이 책을 읽으며 독립에 대한 의지를 다졌어.

페인의 《상식》은 펴낸 지 3개월 만에 10만 부가 팔릴 정도로 큰 인기를 끌었단다.

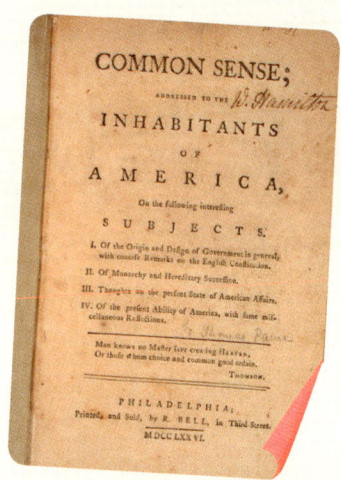

▲ 《상식》

자유·평등·인권을 강조한 독립 선언서

1776년 7월 4일, 북아메리카 13개 식민지 대표들은 '독립 선언서'를 낭독하고 독립을 선언했어. 물론 그때는 독립 전쟁이 한창이던 때였지.

독립 선언서는 토머스 제퍼슨과 벤저민 프랭클린 등이 함께 썼는데, 13개 식민지가 영국으로부터 독립해야 하는 이유와 함께 새로 수립될 정부의 원칙을 상세히 제시했단다. 그중에서도 가장 큰 특징은 인간의 자유와 평등, 기본 인권을 보장하는 내용을 담은 것이야.

모든 사람은 평등하게 태어났다. 그리고 세상을 만든 창조주는 인간에게 누구도 빼앗을 수 없고 남에게 넘겨줄 수도 없는 권리를 주었다. 생명과 자유와 행복을 추구할 권리가 여기에 포함된다. 이러한 권리를 얻기 위하여 국민은 정부를 만들었고, 정부의 정당한 권력은 국민의 동의에서 나온다. 정부가 이러한 권리를 침해하거나 빼앗을 때 국민은 언제든지 정부를 바꾸거나 없애고 새로운 정부를 세울 권리가 있다.

특히 정부가 잘못을 저질렀을 때 국민이 맞설 수 있는 저항권의 개념까지 담았다는 점에서 미국 독립 선언서는 큰 의미가 있단다. 그뿐 아니라 이런 내용도 적혀 있어.

▼ 미국 러시모어산의 봉우리에는 미국 역사상 가장 위대한 대통령 네 명의 두상이 있어. 왼쪽부터 조지 워싱턴, 토머스 제퍼슨, 시어도어 루스벨트, 에이브러햄 링컨이야.

왕은 수많은 관직을 만들고 수많은 관리를 식민지에 보냈다. 우리 식민지 사람들을 괴롭히고 재산을 빼앗기 위해서 말이다. 왕은 평화로울 때조차도 우리 입법 기관의 동의를 얻지 않고 군대를 식민지에 주둔시켰다.

> 미국이 독립할 때 영국의 왕은 조지 3세였어. 그는 왕권 강화를 추구했지만 좋은 지도자로 평가받지는 못했어.

여기서 왕은 '영국의 왕'을 뜻하고 군대는 '영국군'을 뜻해. 본국인 영국에 대한 강한 저항감을 드러냈다고 할 수 있지.

이 밖에도 독립 선언서에는 독립을 원하는 식민지 사람들의 강한 의지와 자유를 향한 바람이 잘 드러나 있단다. 아래 내용을 함께 볼까?

이에 아메리카 연합 식민지는 이 식민지의 선량한 사람들의 이름으로 우리 연합 식민지가 자유롭고 독립된 국가임을 엄숙히 선언하는 바이다. 우리 국가는 영국의 왕권에 모든 충성의 의무를 지지 않으며, 영국과의 모든 정치적 관계를 완전히 끝내야만 한다. 따라서 우리 국가는 자유롭고 독립된 국가로서 전쟁을 하고, 평화를 체결하고, 동맹 관계를 맺고, 무역 관계를 수립하는 등 독립 국가가 당연히 해야 할 모든 행동을 할 수 있는 완전한 권리를 갖고 있다.

▲ 미국의 독립 선언서에는 13개 식민지 대표들의 서명이 있어.

이 독립 선언서를 중심으로 13개 식민지 대표들은 더욱 똘똘 뭉쳐 독립 전쟁에 임했단다.

미국 독립 선언서는 미국 역사는 물론, 세계 역사

에서도 중요하게 손꼽히는 문서 중에 하나야. 아메리카 대륙의 13개 식민지가 영국의 지배에서 벗어나겠다는 의지를 널리 알렸을 뿐만 아니라, 인간의 기본권에 관한 매우 중요한 내용을 담았기 때문이지.

　미국은 독립 선언을 한 7월 4일을 독립 기념일로 정해 해마다 그 뜻을 기리고 있어.

▲ 미국의 2달러 지폐의 뒷면

▼ 13개 식민지 대표들이 독립 선언서에 서명하는 장면이야. 미국의 2달러 지폐에 그려진 그림이기도 하지.

토머스 제퍼슨과 벤저민 프랭클린

제퍼슨과 프랭클린은 미국의 첫 번째 대통령인 조지 워싱턴과 함께 '미국 건국의 아버지'로 불리는 인물이야.

변호사였던 제퍼슨은 북아메리카 식민지에서 일어난 여러 소송을 맡으면서 식민지에 대한 영국의 부당한 대우에 불만이 생겼어. 그래서 영국을 비판하는 활동을 하던 중 독립 전쟁에 참여해 미국 독립 선언서를 쓰는 일을 맡았지. 제퍼슨은 미국이 독립한 뒤 버지니아 주지사와 국무 장관을 지냈고 1800년에는 미국의 세 번째 대통령에 당선되어 영토를 넓히는 등 미국을 크게 발전시켰단다.

벤저민 프랭클린은 사업가이자 필라델피아 행정위원회 위원장을 지낸 인물이야. 과학에도 관심이 많아 피뢰침을 발명하기도 했지. 그는 외교관으로 영국에 드나들면서 많은 활약을 했어. 또 미국이 독립한 뒤에는 펜실베이니아 대학과 펜실베이니아 병원을 세우는 등 사회 문화 사업 분야에서 많은 업적을 남겼지.

조지 워싱턴과 함께 토머스 제퍼슨, 벤저민 프랭클린은 미국인들이 가장 중요하게 생각하는 인물이란다.

▼ 제퍼슨

프랭클린 ▶

독립 선언서를 발표했던 미국 독립 기념관

미국 필라델피아에 있는 독립 기념관은 독립 전쟁이 한창이던 1776년 7월 4일, 13개 식민지 대표들이 모여 미국 독립 선언서를 발표한 곳이야. 영어로는 인디펜던스 홀(Independence Hall)이라고 하지.

독립 기념관은 자유의 종, 시 청사 등의 기념 유적들과 함께 미국 국립 역사 공원으로 지정되었는데, 국제 연합(UN) 교육 과학 문화 기구인 유네스코에서 보호하는 세계 문화유산이기도 하단다.

▶ 13개 식민지 대표들이 독립 선언서에 서명한 장소

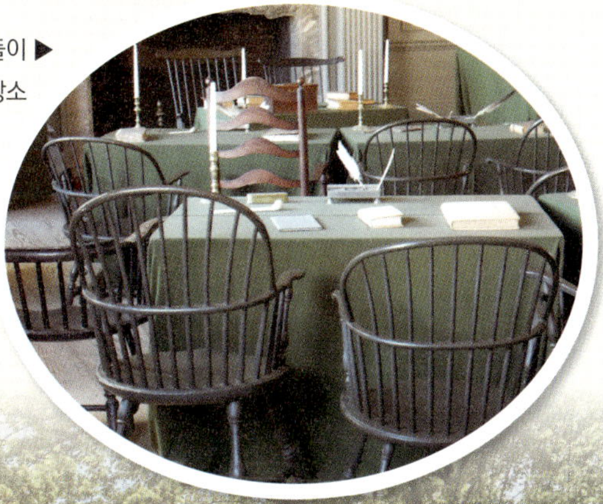

▼ 미국 독립 기념관 전경

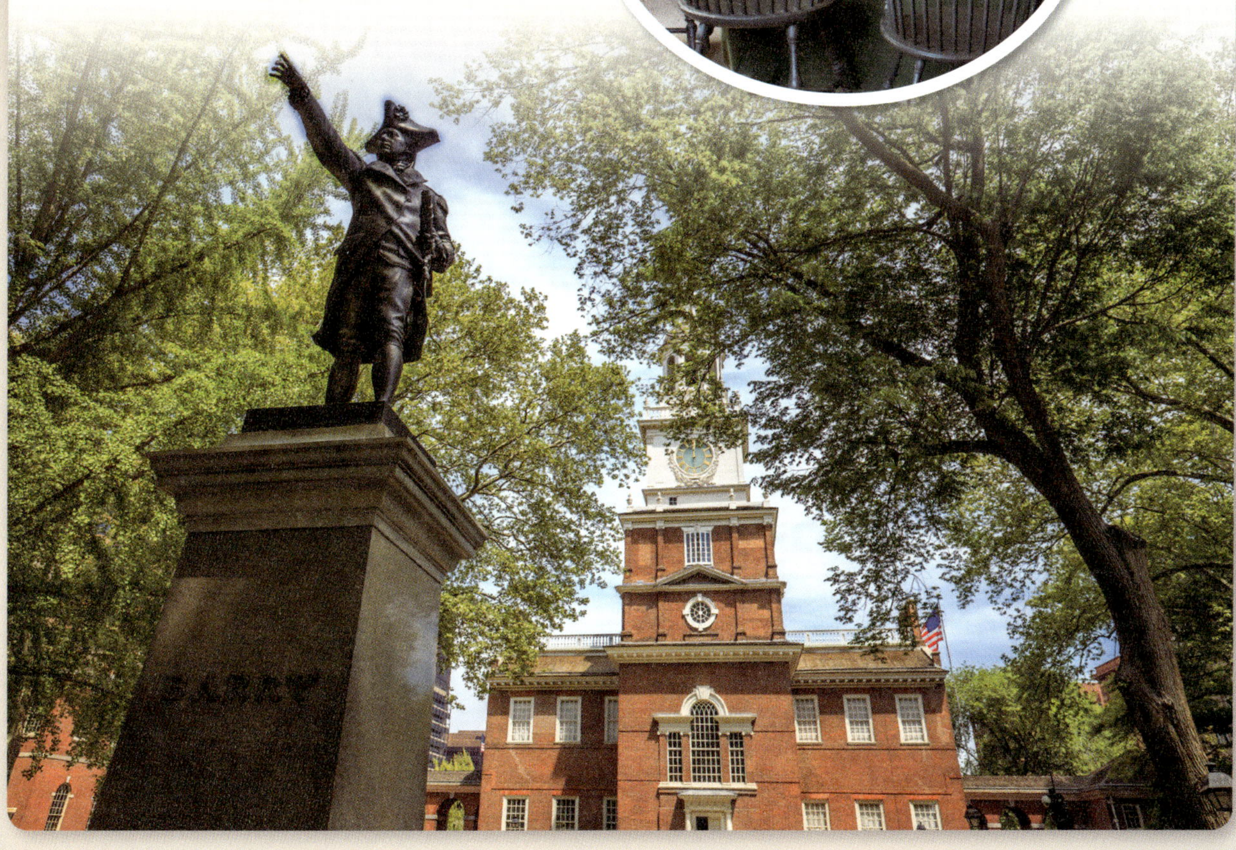

영국군을 물리친 대륙군

독립 전쟁은 쉽게 끝나지 않았어. 영국군과 식민지의 대륙군은 서로 밀고 밀리며 전쟁을 계속했지. 아니, 사실은 대륙군이 후퇴를 거듭하는 때가 더 많았어. 군대의 규모로 보나 무기로 보나 모든 게 영국군보다 불리했거든.

그렇다고 영국군이 아주 유리한 것도 아니었어. 영국군은 식민지에서 싸우고 있었기 때문에 본토인 영국에서 물자와 군대를 실어 와야 했지. 그런데 영국과 거리가 너무 멀리 떨어져 있어서 제때 보급이 이뤄지지 않을 때가 많았던 거야. 게다가 전쟁의 규모가 커지고 기간이 길어지면서 전쟁 비용도 많이 들었지. 전쟁이 길어지면서 영국군도 대륙군도 지쳐 갔어.

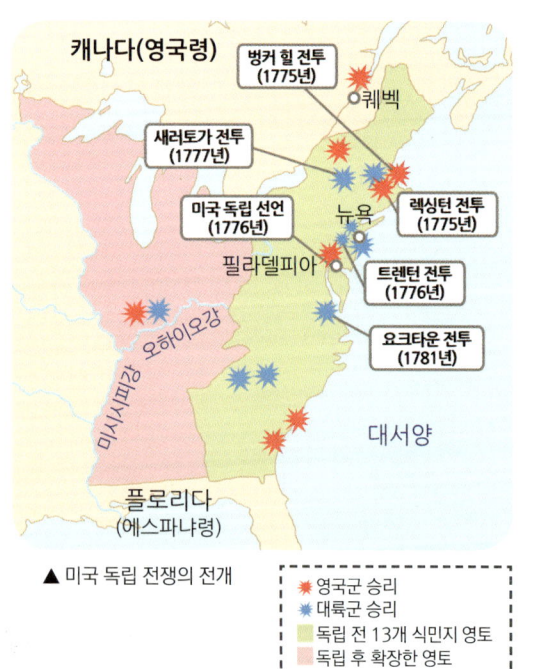
▲ 미국 독립 전쟁의 전개

그러던 중 1776년 겨울, 조지 워싱턴이 이끄는 대륙군은 트렌턴이란 곳에서 영국군에 큰 승리를 거뒀어. 지쳐 있던 대륙군의 사기는 크게 높아졌지. 그리고 이듬해 10월 뉴욕 북부인 새러토가에서 벌어진 전투에서도 영국군을 크게 무찔렀단다. 이때부터 대륙군 쪽으로 힘이 쏠리기 시작했지.

이렇게 되자 프랑스가 대륙군을 본격적으로 돕기 시작했어. 프랑스는 당시 유럽에서 가장 강한 나라였던 영국의 힘을 약하게 하기 위해서 식민지 군대를 지원했지.

사실 프랑스는 북아메리카 식민지를 둘러싸고 영국과 벌인 7년 전쟁에서 패한 뒤, 영국을 향해 복수의 칼을 갈고 있었단다. 그래서 영국군과 대륙군의 전쟁을 눈여겨보고 있었어. 그러던 중 프랭클린이 외교관으로서 당시 프랑스의 왕 루이 16세를 찾아와 지원을 부탁했지.

하지만 프랑스는 아무래도 대륙군이 영국군에 밀리는 것 같아 선뜻 나서지 못하고 있었어. 괜히 남의 나라 전쟁에 끼어들었다가 대륙군이 지기라도 하면 낭패니까 말이야. 그래서 이리저리 기회를 엿보고 있었는데 새러토가 전투를 계기로 대륙군의 승기의 기운이 짙어지자 보다 적극적으로 나서게 됐던 거야.

▲ 파리에서 루이 16세를 만나는 프랭클린의 모습

▼ 새러토가 전투에서 항복하는 영국군의 모습을 그린 그림

프랑스는 아예 영국에 선전 포고를 하는 동시에 식민지 대륙군과 동맹 조약을 체결했어. 에스파냐, 네덜란드, 러시아를 비롯한 유럽의 다른 나라들도 영국의 지나친 팽창을 막기 위해 식민지를 돕기로 했지.

▲ 요크타운 전투에서 영국군의 항복을 받는 워싱턴을 묘사한 그림

결국 1781년 9월, 마침내 요크타운 전투에서 대륙군과 유럽 연합군은 영국군을 무찌르고 항복을 받았어. 영국 정부는 더 이상 전쟁을 할 수 없다고 판단하고 협상을 제의했지. 1783년 파리에서 강화 조약이 체결되면서 독립 전쟁은 대륙군의 승리로 막을 내렸어. 이렇게 해서 아메리카 13개 식민지는 공식적으로 영국으로부터 독립하였단다.

새 나라, 미국의 탄생

독립 전쟁에서 승리한 뒤 13개 식민지는 '아메리카 합중국(USA, United States of America)'이라는 하나의 나라를 만들었어. 우리나라에서는 이를 간단히 줄여 미국이라고 부르지. 합중국은 '둘 이상의 국가나 주가 모여 이룬 나라'라는 뜻이야. 13개 식민지는 미국을 이루는 각각의 주가 되었어.

사실 독립 전쟁에서 승리한 뒤 미국을 세우기까지의 과정도 만만치는 않았어. 13개 식민지마다 독립된 정부가 있었던 데다 각 주의

법도 다 달랐기 때문이야. 그래서 1776년 7월에 독립 선언서를 발표한 뒤 13개 식민지는 각각 헌법을 만들고 나라를 세웠지.

독립 전쟁에서 승리했어도 13개 나라가 각각 독립하기에는 아무래도 무리가 있었어. 오랫동안 이어진 전쟁으로 각 나라의 재정 상태가 좋지 않은 데다, 몇몇 정부는 파산 위기에까지 놓여 있었거든. 그래서 각각의 주가 독립을 유지하면서도 공통되는 문제에는 함께 대처할 수 있게 아메리카 합중국이라는 연합 국가를 세웠던 거야.

미국은 각 주가 독립적인 법과 제도를 가지고 있어. 그것을 유지하면서 하나의 주권 아래 연합한 형태의 국가이지.

하지만 연합 국가를 이루었음에도 각 주마다 세금 문제나 농민 반란 등으로 혼란과 어려움이 이어졌어. 영국으로부터 힘겹게 독립했는데, 이런 혼란이 계속되다가는 다시 유럽 강국들의 먹잇감이 될 수도 있어 위험한 상황이었지.

결국 13개 주 대표들은 독립 선언서를 낭독했던 필라델피아 독립 기념관에 모여 대책을 논의했어. 그 결과 제대로 된 연방 정부를 구성하고 공동의 헌법을 만들기로 뜻을 모았지. 또 13개 주마다 대표자를 뽑아 의회를 구성하고, 투표를 통해 대통령을 뽑기로 했단다. 세계에서 처음으로 국민이 나라의 주인이 되는 민주 공화국을 만들기로 한 것이지.

또 권력이 어느 한곳에 쏠리지 않고 균형을 이룰 수 있게 법률을 제정하는 입법부, 정책을 집행하는 행정부, 법률을 적용하는 사법부를 두기로 했어. 각각의 기관에 국가의 권력을 나누어 국가 권력이 잘못 행사되지 않도록 제도를 만든 거야.

▲ 워싱턴

그리고 드디어 1789년 실시된 연방 의회 선거에서 조지 워싱턴이 대통령으로 뽑혔어. 투표에 참여했던 대의원 모두가 워싱턴에게 표를 던진 결과였지. 사실 워싱턴은 대통령을 할 생각이 없었는데, 많은 국민의 뜻에 따라 대통령직을 받아들였다고 해. 훗날 세계 최고의 강국으로 발돋움하는 미국은 이렇게 탄생했단다.

이처럼 아메리카 식민지 13개 주가 영국의 지배에서 벗어나 미국을 세운 과정을 '미국 독립 혁명'이라고 한단다. 그러니까 오늘날 세계에서 가장 부유하고 강한 나라인 미국의 역사는 사실 230여 년밖에 되지 않는 거야.

역사 속 재미 쏙

미국의 국기, 성조기

미국의 국기를 '성조기'라고 해. 성조기의 줄무늬와 별 모양에는 각각 다른 의미가 담겨 있어. 먼저 일곱 개의 붉은 줄과 여섯 개의 흰 줄을 합하면 열세 개의 가로줄이 되는데, 이는 영국으로부터 독립해 자유를 얻어 낸 열세 개 식민지를 상징한단다. 또한 파란색 바탕에 흰색 별 열세 개 역시 각 주를 의미해. 그 뒤 가로줄은 변함이 없지만 별은 새로운 주가 생길 때마다 하나씩 더해져 지금은 총 50개가 되었단다.

▲ 초기의 성조기   ▲ 현재의 성조기

미국을 상징하는 자유의 여신상

미국 뉴욕 리버티섬에 있는 '자유의 여신상'을 본 적이 있니? 직접 가 보진 못했더라도 누구나 한 번쯤 사진으로라도 본 적이 있을 거야. 자유의 여신상은 그 자체로 미국을 상징할 만큼 유명해.

자유의 여신상은 무게가 약 225톤에 달하며, 받침대에서 횃불까지의 높이는 93.5미터나 돼. 집게손가락 하나만 해도 2.44미터 정도 된다니 얼마나 거대한 조각상인지 알겠지?

그런데 자유의 여신상이 손에 들고 있는 게 있어. 오른손에 든 것은 자유의 여신상의 원래 이름인 '세계를 비추는 자유'를 의미하는 횃불이야. 또 왼손에 든 것은 바로 '1776년 7월 4일'이라는 날짜가 새겨진 독립 선언서야.

이 여신상의 받침대에는 자유에 대한 바람을 담은 시 구절이 새겨져 있단다.

여기 해가 지는 바닷가에 횃불을 든 여인이 있으니
횃불을 든 손은 전 세계에 환영의 빛을 보내며
부드러운 두 눈은 항구를 향해 소리친다.
지치고 가난한, 자유를 꿈꾸는 이들을 내게 보내 다오.
비바람에 시달리는, 고향 없는 이들을 내게 보내 다오.

▲ 자유의 여신상

자유의 여신상은 미국의 독립 100주년을 기념해 프랑스가 우정의 표시로 선물한 것이란다. 프랑스에서 만들어 여러 부분으로 해체한 다음, 배로 미국까지 싣고 와서 지금의 자리에 세웠지. 거대한 조각

미국 첫 대통령, 조지 워싱턴

1789년 4월 30일, 미국 뉴욕의 연방 정부 청사에서 미국 첫 대통령의 취임식이 열렸어. 주변을 가득 메운 사람들은 손에 꽃을 든 채 "위대한 미국 만세", "위대한 미국 대통령 만세!"라고 외쳤지. 이윽고 첫 대통령으로 뽑힌 조지 워싱턴이 정부 청사 발코니에 모습을 드러냈고 곧이어 엄숙한 취임식이 시작됐어.

"나는 미국 대통령의 직무를 성실하게 수행하며, 미국 헌법과 국민의 권리를 지키는 일에 최선을 다할 것을 엄숙히 선서합니다."

워싱턴의 대통령 취임식은 미국에만 뜻깊은 행사가 아니라, 세계 역사에서 현대 민주 정치의 출발을 알리는 중요한 사건이었단다. 국민이 직접 뽑은 대표가 대통령이 된 것을 선포하는 일은 처음이었거든.

'미국 건국의 아버지'로 불리는 워싱턴은 미국 사람들이 위대하게 여기며 존경하는 인물 중 한 명이야. 그는 스무 살 때 영국군에 들어가 프랑스와의 전쟁에서 큰 공을 세웠어. 그 뒤 제대해 버지니아로 돌아와 버지니아주의 의원이 되었지.

그러다 식민지 연합이 영국과 독립 전쟁을 할 때 대륙군 총사령군이 되어 높은 인품과 강인한 지도력으로 독립 전쟁을 승리로 이끌었단다. 그 결과 미국 첫 대

상 안에는 계단과 엘리베이터가 설치돼 있어서 여신상의 왕관 부분에 올라가서 뉴욕 전경을 내려다볼 수 있어.

통령 선거에서 만장일치로 당선되었어. 그를 향한 국민들의 지지가 컸기 때문에 그는 대통령에 재임했어. 워싱턴은 마음만 먹으면 미국의 세 번째 대통령에도 오를 수 있었어. 하지만 그는 아예 대통령 선거에 후보로도 나가지 않았단다. 세 번씩이나 대통령에 올랐다가는 자기도 모르게 독재를 할 수도 있다고 생각했기 때문이야.

미국 사람들은 워싱턴을 존경한 나머지 수도도 그의 이름을 따서 워싱턴 D.C.라고 이름 지었어. 미국의 1달러짜리 지폐에 그려진 인물도 바로 워싱턴이지.

> 재임은 같은 관직에 다시 임명되는 것을 말해.

▲ 미국의 1달러짜리 지폐 앞면에는 워싱턴의 초상화가 그려져 있어.

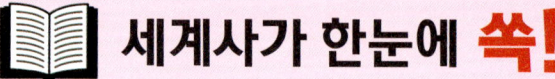 세계사가 한눈에 쏙!

01 보스턴 차 사건 이후 아메리카 13개 식민지에 대한 영국의 간섭과 탄압이 더욱 심해졌다. 식민지 사람들은 민병대를 조직해 영국 군대와 맞서려 했고, 이를 계기로 결국 영국과 전쟁이 벌어졌다.

02 미국의 작가이자 사상가인 토머스 페인이 《상식》이라는 책을 발표하여 영국으로부터 독립하기 위해 전쟁을 하는 것이 정당하다는 주장을 펼쳤다. 《상식》은 식민지 사람들의 독립에 대한 의지를 일깨우는 역할을 했다.

03 아메리카 13개 식민지 측은 대륙군을 정식으로 구성하였고 조지 워싱턴이 총사령관으로 선출되었다. 대륙군은 처음에 영국군에 밀렸지만 독립에 대한 열망을 불태우며 점차 단단해져 갔다. 특히 대륙군은 벙커 힐 전투에서 영국군에 큰 피해를 입히며 전쟁에서 승리할 수 있다는 자신감을 얻었다.

04 1776년 전쟁이 한창 진행되던 때 아메리카 13개 식민지 대표들은 독립 선언서를 낭독하고 독립을 선언했다. 독립 선언서에는 인간의 자유와 평등, 기본 인권을 보장하는 내용은 물론 국민이 잘못된 권력에 저항할 수 있다는 저항권의 개념까지 담겨 있었다.

05 대륙군은 1777년 새러토가 전투에서 영국을 크게 무찔러 승리했다. 이 전투의 승리로 대륙군의 사기는 높아졌고, 프랑스 등 유럽 여러 나라가 식민지 측을 지원하기 시작했다. 마침내 1781년, 대륙군은 요크타운 전투에서 영국군을 무찌르며 독립 전쟁에서 승리했다.

06 1783년 아메리카 13개 식민지는 영국으로부터 독립했고, 1787년 대륙 회의에서 독립 선언 헌법을 제정했다. 그리고 1789년 조지 워싱턴이 미국의 제1대 대통령의 자리에 올랐다.

3장
자유와 평등을 외친 프랑스 혁명

| 불평등한 신분제
| 테니스 코트의 서약
| 프랑스 혁명과 인권 선언
| 루이 16세 처형과 공포 정치

독립 혁명을 거쳐 탄생한 미국의 첫 대통령이 취임한 1789년, 프랑스에서도 거대한 혁명이 일어났어. 시민들이 무거운 세금과 신분 차별에 저항하며 '프랑스 혁명'을 일으킨 거야. 파리에서 시작된 혁명의 불길은 프랑스 방방곡곡으로 퍼졌고, 시민 대표로 구성된 국민 의회는 모든 사람의 자유와 평등을 주장하는 '인간과 시민의 권리 선언'을 발표했지. 혁명이 일어나자 오스트리아로 도망치려던 프랑스 국왕 루이 16세와 왕비 마리 앙투아네트는 궁전에 갇히는 신세가 되었어.

그러자 오스트리아, 영국, 프로이센, 네덜란드, 에스파냐 등 유럽 여러 나라가 동맹을 맺고 프랑스에 쳐들어왔어. 프랑스 혁명의 불씨가 자기 나라로 옮겨붙으면 위험하다고 판단한 거야. 프랑스 시민들은 군대를 조직해 이에 맞섰지.

혁명을 일으킨 시민들은 국민에 의해 주권이 행사되는 정치 체제인 공화정을 세웠어. 그런데 이후 혁명 정부가 가혹한 공포 정치를 펼치기 시작했어. 시민들은 불안했고 프랑스 사회는 혁명 이전 시대로 돌아갈 만큼 어수선해졌단다.

이제 프랑스는 어떻게 되는 걸까? 이번 장에서는 프랑스 혁명이 일어난 과정과 그 진행 과정을 함께 살펴보자.

◀ 평민이 성직자와 귀족을 등에 업고 있어.
신분제의 불평등함을 풍자한 그림이지.

불평등한 신분제

"언제까지 이렇게 많은 세금을 내면서 힘들게 살아야 하나? 온갖 특권을 누리는 귀족과 성직자 들은 세금 한 푼 안 내고 호화롭게 사는데!"

"정말이지 세금 때문에 등골이 빠지겠어요. 우리는 빵 하나도 마음 놓고 먹을 수가 없는데 왕과 귀족들의 사치는 하늘을 찌른다고 하니 분통이 터져요."

1700년대 후반, 대부분의 프랑스 국민은 이런 불만과 분노가 하루하루 쌓여 갔어. 바로 불평등한 신분제 때문이었지.

당시 프랑스 사회는 세 신분으로 나뉘어 있었어. 제1 신분은 성직자, 제2 신분은 귀족, 제3 신분은 평민이었지. 이 중에서 제1 신분과 제2 신분은 전체 인구의 2퍼센트에 지나지 않았고, 농민·노동자·상인·수공업자 등으로 이뤄진 제3 신분은 전체의 98퍼센트나 되었어.

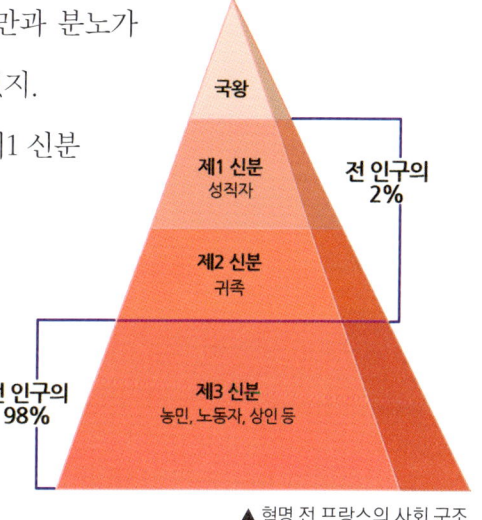
▲ 혁명 전 프랑스의 사회 구조

극소수의 특권 신분을 지닌 사람들은 세금도 내지 않고 토지와 관직을 독차지하며 온갖 이익을 챙겼어. 하지만 인구의 대부분을 차지하는 제3 신분은 아무런 권리도 가지지 못한 채 제1 신분과 제2 신분의 지배를 받았지. 또한 무거운 세금을 내는 것은 물론 나라에 온갖 의무를 다하며 힘겹게 살아야 했어. 더욱이 이런 의무를 다하는데도 제3 신분에게는 정치에 참여할 수 있는 권한이 전혀 주어지지 않았어. 당연히 제3 신분의 불만이 클 수밖에 없었지.

제3 신분 중에는 상업으로 큰돈을 벌어 귀족 못지않게 영향력이 커진 평민들도 있었어. 이들을 '부르주아'라고 해. 주로 법률가, 은행업자, 상공업자였던 이들은 귀족만큼이나 호화로운 생활을 했으며, 루이 14세 이후에는 돈으로 관직을 사서 귀족이 되는 경우도 많았어. 그들은 많은 돈으로 귀족들만큼 호화로운 삶을 살 수 있었지만 신분의 한계를 넘지는 못했어. 그래서 이들 역시 귀족들이 누리는 특권에 불만이 있었지.

그 무렵 미국 독립 혁명 소식이 프랑스 사람들에게 들려왔어. 북아메리카 식민지 사람들이 본국인 영국에 맞서 독립 전쟁을 일으켜,

◀ 프랑스 부르주아 계층의 모습을 그린 그림이야. 프랑스 경제가 빠르게 성장하면서 큰돈을 벌고 사회적으로도 영향력이 커진 평민층, 즉 부르주아 계층이 늘었어.

자유롭고 평등한 나라인 미국을 세웠다는 소식은 제3 신분 사람들에게 큰 충격이었지.

"우리도 미국 사람들처럼 자유와 평등을 누리며 살면 얼마나 좋을까?"

"왕과 나라가 잘못할 때 시민들이 일어나 혁명을 일으켜 독립을 쟁취하다니!"

제3 신분의 사람들은 이런 생각을 하게 되었지. 게다가 그 무렵 프랑스의 나라 살림은 엉망진창이었어. 루이 16세와 마리 앙투아네트가 말할 수 없이 사치스러운 데다, 유럽에서 일어난 전쟁은 물론 미국의 독립 전쟁에까지 끼어들어 나랏돈이 바닥나 버렸기 때문이야. 1788년과 1789년에 흉년까지 겹치자 문제는 더 심각해졌지.

▲ 루이 16세

그러자 루이 16세는 국가 재정 문제를 해결하려고 성직자와 귀족 계급에게도 세금을 매기려고 했어. 하지만 귀족들이 강하게 반발하며, 새로운 세금에 관한 문제는 삼부회를 열어 결정해야 한다고 주장했어.

▲ 마리 앙투아네트

삼부회는 제1 신분, 제2 신분, 제3 신분의 대표들이 모여 나라의 중요한 일을 결정하는 의회였어. 하지만 그동안은 왕의 권력이 강해 모든 것을 마음대로 결정했기 때문에 1614년 이래 170여 년 동안

삼부회는 성직자와 귀족, 평민 출신 의원으로 구성된 프랑스의 신분제 의회야.

삼부회가 한 번도 열린 적이 없었어. 루이 16세는 할 수 없이 귀족들의 요구대로 삼부회를 열기로 했지.

테니스 코트의 서약

이윽고 1789년 5월, 베르사유 궁전에서 삼부회가 열렸어. 제1 신분 대표 294명, 제2 신분 대표 270명, 제3 신분 대표 578명이 참석했지. 루이 16세는 나라 살림이 어려우니 성직자와 귀족들에게 세금을 내 달라고 했고, 그들은 투표로 결정하자고 했어.

그런데 원래 삼부회에서 나랏일을 결정할 때는 각 신분별로 하나의 표를 던져서 결정하는 투표 방식을 지켜 왔어. 예를 들어 성직자와 귀족이 세금을 내는 일을 놓고 제1 신분과 제2 신분이 반대하고 제3 신분이 찬성한다면, 반대표는 두 표가 되고, 찬성표는 한 표밖에

삼부회 소집과 회의에서 의논할 문제를 제기할 수 있는 권한은 국왕에게만 있었어.

▲ 1789년 베르사유 궁전에서 열린 삼부회를 그린 그림

안 되어 여전히 평민들인 제3 신분만 세금을 내야 하는 상황이었지.

그러자 부르주아로 구성된 제3 신분 대표들은 모든 의원들이 각자 한 표씩을 던져서 결정하는 투표를 하자고 했어. 그렇게 하면 제1 신분과 제2 신분의 표를 합친 564표보다 제3 신분 의원 수인 578표가 더 많아 제3 신분에게 유리한 결과로 이끌 수 있었거든.

하지만 제3 신분 대표들의 요구는 받아들여지지 않았어. 국왕도 이렇다 할 해결책을 내지 못했지. 그러자 제3 신분 대표들은 전체 인구의 98퍼센트를 차지하는 제3 신분의 의견을 제대로 펼칠 수 있는 새로운 조직이 필요하다고 생각했어. 그래서 이들은 '국민 의회'를 만들었어. 국민 의회에는 주로 제3 신분 대표들이 참여했지만 왕에게 불만이 있거나 신분제에 문제가 있다고 생각하는 귀족이나 성직자들도 더러 뜻을 합쳤지.

이렇게 되자 제1 신분과 제2 신분 대표들은 루이 16세에게 국민 의회를 인정하지 말라고 요구했어. 루이 16세도 그래야 한다고 생각해 국민 의회가 사용하던 베르사유 궁전 회의실을 막아 버렸지. 모일 장소가 없으면 국민 의회가 흩어질 거라고 생각했던 거야. 그렇지만 이러한 대응은 국민 의회를 더욱 화나게 만들었어.

국민 의회는 흩어지기는커녕 베르사유 궁전의 테니스장에 모여 한목소리로 외쳤어.

"우리는 어떠한 압력이 가해지더라도 결코 흩어지지 않을 것이며, 평등한 권리를 보장하는 새 헌법을 만들기 전까지 언제 어느 곳에서

◀ 테니스 코트의 서약을 그린 그림

'테니스 코트의 서약'은 프랑스 혁명의 시발점이 된 사건이야. 그동안 불평등을 참고 있던 제3 신분이 모여 드디어 자신들의 목소리를 내기 시작한 것이지.

라도 모일 것이다!"

이것을 '테니스 코트의 서약' 혹은 '테니스 코트의 맹세'라고 해.

프랑스 혁명과 인권 선언

루이 16세는 국민 의회를 해산시키려고 베르사유 궁전 주변으로 군대를 불러들였어. 파리의 시민들은 이 소식에 분노했고 국민 의회를 지키기 위해 민병대를 꾸렸지. 그러고는 군대의 무기고를 습격해 무기를 갖춘 다음 1789년 7월 14일, 바스티유 감옥으로 몰려갔어. 바스티유 감옥은 국왕에 반대하는 사람들을 잡아 가두는 곳으로, 왕의 절대적인 권력을 상징하는 공간이었어. 원래는 영국과 백년 전쟁

▼ 파리 시민들이 바스티유 감옥을 공격하는 모습을 그린 그림

을 치를 때 파리를 방어하기 위해 쌓은 성이었지만 루이 13세 때부터 왕의 명령에 따르지 않거나 왕을 비판하는 사람을 가두는 감옥으로 쓰이고 있었지.

"우리는 왜 무거운 세금을 내면서도 권리는 갖지 못하는가? 왕과 귀족들의 횡포를 더는 두고 볼 수 없다!"

"국민 의회를 지키자! 우리도 평등한 대접을 받으며 살고 싶다!"

"억울하게 감옥에 갇힌 사람들을 구하자!"

파리 시민들은 이렇게 외치며 바스티유 감옥을 부수고 갇혀 있던 죄수들을 풀어 주었어. 바스티유 감옥을 부순 것은 죄 없는 시민을 왕이 함부로 가두지 못하게 하겠다는 강한 의지를 표현한 거야.

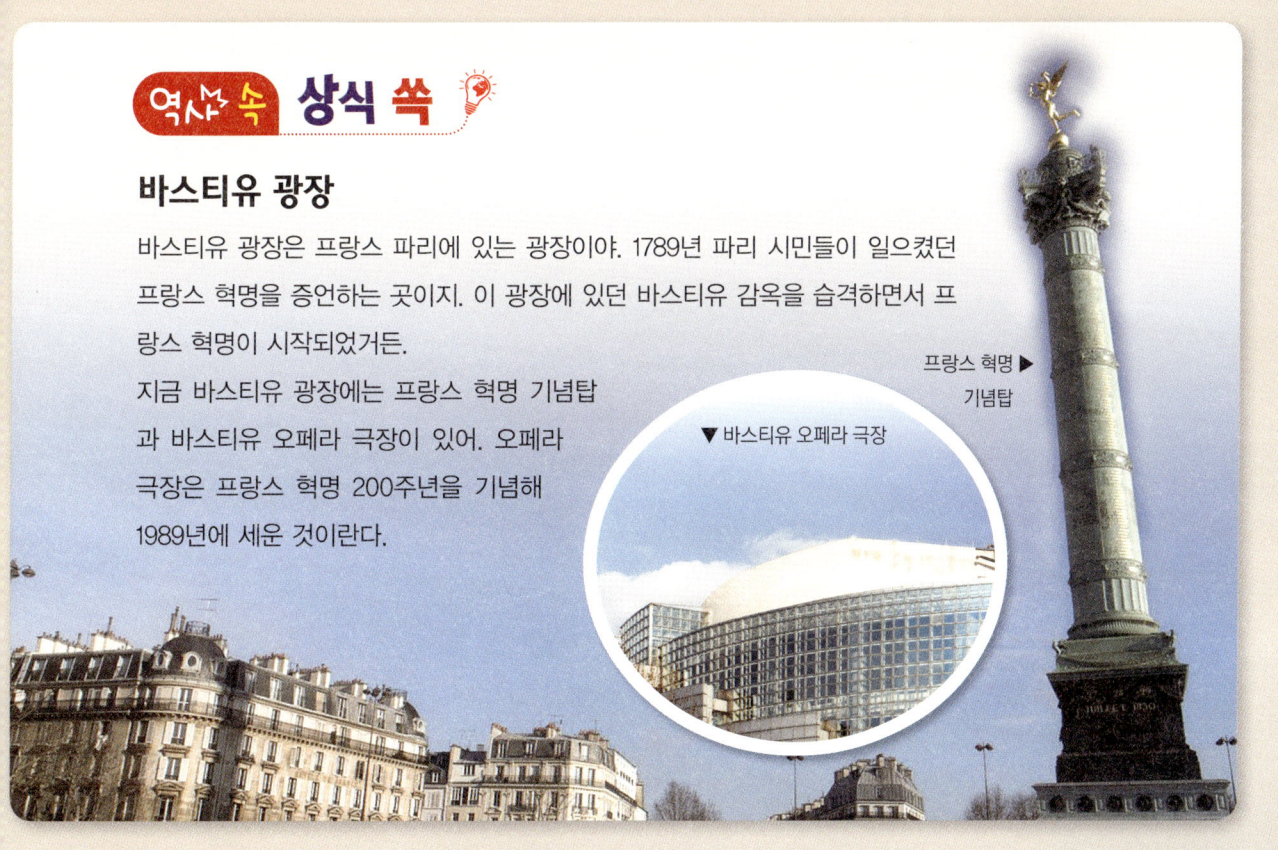

바스티유 광장

바스티유 광장은 프랑스 파리에 있는 광장이야. 1789년 파리 시민들이 일으켰던 프랑스 혁명을 증언하는 곳이지. 이 광장에 있던 바스티유 감옥을 습격하면서 프랑스 혁명이 시작되었거든.
지금 바스티유 광장에는 프랑스 혁명 기념탑과 바스티유 오페라 극장이 있어. 오페라 극장은 프랑스 혁명 200주년을 기념해 1989년에 세운 것이란다.

▶ 프랑스 혁명 기념탑

▼ 바스티유 오페라 극장

왕의 군대가 시민들을 진압하기 위해 몰려왔지만 시민들의 맹렬한 기세를 이겨 내지는 못했어. 마침내 바스티유 감옥은 시민들에게 점령됐지. 프랑스 혁명은 이렇게 시작됐단다.
　　파리 시민들이 바스티유 감옥을 점령했다는 소식은 프랑스 방방곡곡에 전해졌어. 그러자 지방에서도 농민들이 들고일어났지.
　　왕과 귀족들의 횡포에 억눌려 무거운 세금에 시달리던 농민들은 영주의 성으로 처들어가 자신들을 짓누르던 땅문서와 집문서 등을 불태우고 귀족과 성직자, 관리 들을 죽였어. 교회와 지방 관청도 공격해 무너뜨렸지.

인간과 시민의 권리 선언

국민 의회가 프랑스 혁명의 뜻을 널리 알리기 위해 발표한 인간과 시민의 권리 선언은 서문과 17개의 조항으로 이뤄져 있어. 낡은 왕정을 무너뜨리고 자유와 평등이 보장된 사회를 꿈꾸었던 프랑스 혁명의 정신이 담긴 선언이지.

제1조. 인간은 자유롭고 평등한 권리를 지니고 태어나 살아간다.
제2조. 모든 국가는 인간이 자연적으로 지닌 권리를 지키기 위해 존재하며,
　　　 그 권리란 자유권, 재산권, 신체 안전에 대한 권리, 억압에 대한 저항권이다.
제3조. 모든 주권은 국민에게 있다.
제11조. 모든 시민은 자유롭게 의견을 말하고 글을 쓰고 출판할 수 있다.
제12조. 공권력은 모든 사람의 이익을 위해 존재할 뿐 개인의 이익을 위해 존재하지 않는다.
제17조. 소유권은 신성한 것으로 결코 남에게 빼앗길 수 없는 권리이다.

이렇게 사방에서 반란이 일어나자 루이 16세는 국민 의회를 인정할 수밖에 없었어. 국민 의회는 왕과 귀족들이 누리던 특권을 폐지하고 낡은 제도를 바꾸기 위해 헌법을 만드는 작업을 시작함과 아울러, 1789년 8월에 '인간과 시민의 권리 선언(인권 선언)'을 발표했어. 이 선언에는 모든 사람은 누구나 자유롭고 평등하게 살아갈 권리가 있고, 나라의 주된 권리인 '주권'은 국민에게 있으며, 언론·사상·출판·종교의 자유를 보장해야 한다는 조항들이 담겨 있어. 한마디로 말해 그 동안 프랑스를 유지해 온 신분제를 뒤집는 것일 뿐만 아니라 인권과 민주주의의 기본 이념을 강조한 문서였어.

왼쪽은 인간과 시민의 권리 선언 중 일부 내용이야.
인간과 시민의 권리 선언은 무엇보다도 '주권이 국민에게 있다.'라고 선언함으로써 민주주의 기본 원리를 명확히 했어. 또 미국 독립 선언서에 있는 중요한 내용들을 거의 포함시켰지. 인간과 시민의 권리 선언은 1791년에 만든 프랑스 헌법의 전문으로 채택되었고, 세계 여러 나라의 헌법과 정치에도 커다란 영향을 미쳤어. 나아가 1948년에 선포된 '세계 인권 선언'도 인간과 시민의 권리 선언이 바탕이 되었단다.

▲ 인간과 시민의 권리 선언

루이 16세 처형과 공포 정치

상황이 이렇게 돌아가는데도 루이 16세는 이 핑계 저 핑계를 대며 국민 의회의 인간과 시민의 권리 선언을 받아들이지 않았어. 지금까지 자신이 누리던 절대 왕정의 권력을 빼앗기고 싶지 않았기 때문이지.

게다가 왕과 귀족들은 여전히 베르사유 궁전에서 사치를 즐겼어. 일반 시민들은 빵을 살 돈도 없이 굶주림에 허덕이고 있는데 말이지. 시민들은 다시 한번 들고일어났어. 이대로는 도저히 살 수 없었던 거야.

1789년 10월, 2만여 명의 여성들이 베르사유 궁전으로 몰려갔어.

▼ 프랑스의 절대 왕정을 상징하는 베르사유 궁전의 화려한 내부 모습

◀ 베르사유 궁전을 향해 행진하는 파리 여성들의 모습을 그린 그림

수많은 여성들이 쏟아져 나와 행진하자 남성들도 뒤를 따랐어. 루이 16세와 마리 앙투아네트는 성난 시민들에게 둘러싸인 채 베르사유 궁전에서 끌려 나왔어. 그리고 파리 튈르리 궁전으로 옮겨져 시민들의 감시를 받으며 지내야 했지.

그런데 1791년 6월, 루이 16세와 왕족들이 마리 앙투아네트의 친정인 오스트리아로 도망치려다 발각되는 일이 일어났어. 오스트리아의 도움을 받아 혁명을 막아 보려고 했지만 실패한 것이지. 루이 16세는 국경을 넘지 못하고 시민들에게 붙잡혀 파리로 돌아왔어. 그리고 다시 감옥에 갇히고 말았지.

튈르리 궁전의 전경을 그린 그림이야. 현재 튈르리 궁전은 ▶ 불타서 없어지고 정원만 남아 있어.

국민 의회는 1791년 10월, '왕의 권력을 제한하며 의회가 국민의 뜻에 따라 나라를 이끌어 간다.'라는 내용을 담은 새 헌법을 만들어 발표했어. 그리고 국민 의회가 해산하고, 입법 의회가 탄생했어. 프랑스는 입헌 군주국이 되었고 왕은 절대적인 권력을 휘두를 수 없게 되었지.

> 입헌 군주국이란 군주(왕)가 헌법에서 정한 제한된 권력을 가지고 다스리는 정치 체제를 가진 나라를 말해.

그런데 1792년 4월, 오스트리아와 프로이센의 연합군이 프랑스를 공격해 왔어. 프랑스 혁명의 불길이 자기 나라로 번지면 왕정이 무너질 수 있기 때문에 두 나라가 손잡고 프랑스를 공격한 거야. 프랑스 시민들은 힘을 합쳐 외국 연합군에 맞서 싸웠고 결국 연합군을 물리쳤어. 이후 프랑스 혁명의 자유와 평등 정신은 더욱 세계 여러 나라로 퍼져 갔지.

이 과정에서 입법 의회에 이어 세워진 국민 공회는 1793년 1월, 루이 16세를 단두대에서 처형하고 뒤이어 마리 앙투아네트도 10월에 처형했지.

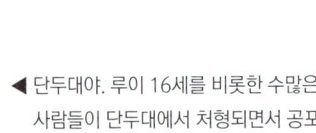

◀ 단두대야. 루이 16세를 비롯한 수많은 사람들이 단두대에서 처형되면서 공포 정치의 상징이 되었어.

▼ 루이 16세의 사형 장면을 그린 그림

루이 16세와 왕비 마리 앙투아네트의 처형은 유럽의 군주와 지배자들에게 큰 충격을 주었어. 이에 왕비의 모국이었던 오스트리아, 유럽의 강대국인 영국과 프로이센 등이 중심이 되어 혁명의 전파를 막기 위한 동맹을 결성하여 프랑스에 대항하면서 여러 차례 전쟁이 벌어졌어.

전쟁이 계속되자 프랑스에서는 물가가 크게 오르고 생필품이 부족하여 경제 위기가 심해졌지. 왕당파를 비롯한 혁명에 반대하는 세력도 커지면서 혁명 정부는 어려움에 처했어. 이에 국민 공회의 급진파인 자코뱅 세력은 로베스피에르를 중심으로 정권을 장악했어.

자코뱅 세력은 혁명 재판소를 설치하여 반대 세력을 단두대로 무자비하게 처형하는 공포 정치를 실시했어. 혁명 정부는 정국의 안정을 위해 곡물 및 일용품의 가격을 통제하고 귀족의 토지를 몰수하는 등 민중들의 입장을 대변하는 조치를 취했어. 그리고 징병제를 통해 조직한 국민군으로 프랑스를 위협하는 동맹군을 물리쳤지.

하지만 로베스피에르가 주도한 공포 정치는 너무 가혹하여 시간이 지날수록 많은 사람들의 불만을 사게 되었어. 결국 이를 반대하는 세력에 로베스피에르가 처형되면서 공포 정치는 무너졌지. 그 뒤 총재 다섯 명이 행정을 담당하는 총재 정부가 출범했어. 하지만 총재 정부가 계속되는 경제난과 재정난으로 동요하는 가운데 제2차 대프랑스 동맹이 결성되는 등, 국내외적인 불안정은 계속되었지.

자코뱅은 공화정을 지지하고 중소 시민·농민과 결합하였던 급진 세력으로, 이들이 자주 모였던 자코뱅 수도원의 이름에서 유래했어.

마리 앙투아네트와 올랭프 드 구즈

프랑스 혁명을 깊이 있게 살펴보다 보면 두 여성의 이야기를 접하게 돼. 한 사람은 왕비 마리 앙투아네트이고, 나머지 한 사람은 작가 올랭프 드 구즈야. 두 여성은 너무도 다른 삶을 살았던 데다, 역사의 평가도 완전히 다르단다. 하지만 같은 해에 단두대에서 처형되는 기이한 인연으로 이어지기도 했지.

마리 앙투아네트는 오스트리아의 공주로 태어나 왕비가 되었어. 사치스러운 생활을 일삼아 나라 살림을 곤경에 빠뜨린 마리 앙투아네트는 프랑스 혁명 당시 시민들의 미움을 한 몸에 받았지.

▲ 처형장으로 끌려가는 마리 앙투아네트를 그린 그림

특히 그녀는 굶주린 시민들이 베르사유 궁전으로 몰려와 빵을 달라고 외칠 때, "빵이 없으면 케이크나 과자를 먹으면 될 텐데, 왜 저러지?"라고 말한 것으로 유명해. 하지만 이 말이 정말 그녀가 한 말인지는 확실하지 않단다.

마리 앙투아네트는 프랑스 혁명이 일어난 뒤 궁전 감옥에 갇혀 살다가 단두대에서 처형되었어.

구즈는 1791년에 '여성과 시민의 권리 선언'을 발표해 사람들의 눈길을 끌었어. 그녀는 이 선언문에서 프랑스 혁명 직후 국민 의회가 발표한 인간과 시민의 권리 선언이 여성의 권리는 그대로 둔 채 남성의 권리만 보장하고 있다고 비판했어. 구즈는 여성도 남성과 똑같이 시민으로서의 권리를 보장받고 어떠한 차별도 받아서는 안 된다고 주장했어. 특히 "여성이 남성과 마찬가지로 단두대에서 처형당할 수 있듯이, 의회에서 연설할 권리도 남성과 똑같이 가져야 한다."라고 말했지.

하지만 구즈는 자신의 선언문을 벽에 붙이던 중 체포됐단다. 그리고 여성으로서 마땅히 지켜야 할 도리를 지키려 하지 않고 지나치게 심한 주장을 했다는 이유로 단두대에서 처형되고 말았지.

당시에는 인정받지 못했지만 구즈가 발표한 '여성과 시민의 권리 선언'은 성별에 따른 차별을 없애고 여성의 권리와 지위를 향상시키고자 하는 페미니즘의 기원이 됐어.

◀ 구즈의 처형을 담은 그림

프랑스 국기와 국가의 유래

프랑스의 국기와 국가는 모두 프랑스 혁명 시대에 탄생했어.

프랑스 국기는 1789년 프랑스 혁명 때 시민군이 들었던 삼색기에서 비롯됐어. 그때는 색깔이 위로부터 빨간색, 하얀색, 파란색 순으로 배열돼 있었는데 1794년에 지금처럼 파란색, 하얀색, 빨간색 순으로 바뀌었지. 파란색은 자유, 하얀색은 평등, 빨간색은 우애를 상징한단다.

프랑스 국가도 프랑스 혁명 때 시민군이 불렀던 노래에서 비롯됐어. 외국 연합군이 프랑스를 공격했을 때 프랑스 시민들은 의용군을 꾸리고 〈라 마르세예즈〉라는 노래를 부르며 전쟁터로 나갔어.

이 노래는 '나가자 조국의 아들딸이여 영광의 날이 왔도다……. 나가자, 나가자 우리 함께…….'라는 가사로 되어 있어. 마르세유 출신 의용군들이 즐겨 불렀기 때문에 마르세유 군단의 노래라는 뜻의 '라 마르세예즈'라는 이름이 붙었다고 해. 〈라 마르세예즈〉는 프랑스 혁명 기념 행사에서 불리다가 이후 프랑스의 국가가 되었지.

▲ 프랑스 국기

📖 세계사가 한눈에 쏙!

01 루이 16세 재위 당시 프랑스 사회는 불평등한 신분제 아래 제3 신분인 평민들의 불만이 커지고 있었다. 제1 신분인 성직자와 제2 신분인 귀족은 전체 인구의 2퍼센트에 지나지 않았고 농민, 노동자, 상인 등의 제3 신분은 전체의 98퍼센트를 차지했다.

02 제3 신분의 평민들은 제1 신분과 제2 신분의 지배를 받으며 무거운 세금을 내는 것은 물론 나라에 온갖 의무를 행하며 힘겹게 살아갔다. 그럼에도 제3 신분에게는 정치에 참여할 수 있는 권한이 없었다.

03 왕실의 사치스러운 생활, 미국 독립 전쟁 지원, 흉년 등의 문제가 겹쳐 나라의 재정이 파탄에 이르자 루이 16세는 이 문제를 해결하기 위해 성직자와 귀족들에게도 세금을 매기려 했다. 그리고 이 문제를 논의하고자 삼부회가 열렸다.

04   삼부회에서 제3 신분 대표들의 의견이 받아들여지지 않자 이들은 독자적으로 '국민 의회'를 수립했다. 하지만 루이 16세는 이를 인정하지 않았다. 그러자 국민 의회는 베르사유 궁전의 테니스 코트에서 평등한 새 헌법을 만들 것을 요구하는 '테니스 코트의 서약'을 한 목소리로 외쳤다.

05   루이 16세가 국민 의회를 해산시키려고 군대를 동원하자 파리의 시민들이 들고일어났다. 이들은 바스티유 감옥을 습격하여 점령했고, 이 사건으로 '프랑스 혁명'이 시작되었다.

06   1789년 국민 의회는 인간과 시민의 권리 선언을 발표했다. 인권과 민주주의의 기본 이념을 강조한 이 선언은 세계 여러 나라의 헌법과 정치에 영향을 미쳤다.

07   국민 공회는 1793년 루이 16세와 마리 앙투아네트를 단두대에서 처형했다. 그리고 이어진 공포 정치에 프랑스는 다시 혼란 속에 놓였다.

4장
널리 퍼진 자유주의와 민족주의

- 나폴레옹의 등장과 몰락
- 프랑스 혁명의 의의
- 유럽으로 퍼져 나간 자유주의
- 7월 혁명과 2월 혁명
- 영국의 참정권 확대 운동
- 이탈리아와 독일의 통일

험난한 혁명의 과정을 거쳐 왕정을 무너뜨리고 공화정을 세웠지만 프랑스 시민들은 다시 공포 정치와 외국의 침입에 시달려야 했어. 그래서 누군가 강력한 지도자가 나타나 자신들을 이끌어 주기를 바랐지.

바로 이때 보나파르트 나폴레옹이 나타나 권력을 잡았어. 나폴레옹은 이웃 나라들을 차례로 정복해 프랑스의 영토를 넓혔으며 개혁을 추진했어. 그렇지만 결국 지나친 욕심으로 몰락하고 말았지. 나폴레옹이 몰락하자 프랑스 혁명도 함께 막을 내렸어.

유럽은 왕이 절대적인 권력을 갖던 옛 체제로 돌아가는 듯했어. 그러나 한 번 일어났던 혁명의 불꽃은 쉽게 사그라지지 않았단다. 앞서 일어난 영국 혁명과 산업 혁명, 미국 독립 혁명, 프랑스 혁명 등의 영향으로 자유주의와 민족주의가 전 세계로 널리 퍼졌기 때문이야.

결국 1830년, 프랑스에서 또다시 7월 혁명이 일어났고, 1848년에는 2월 혁명이 이어졌어. 또한 영국에서는 차티스트 운동이 펼쳐졌고, 여러 나라에서 독립 운동이 벌어졌지.

이번 장에서는 프랑스 혁명의 결과와 그 뒤 유럽에 퍼진 자유주의와 민족주의의 움직임을 살펴볼 거야.

◀ 알프스산맥을 넘는 나폴레옹

나폴레옹의 등장과 몰락

총재 정부가 안정을 찾지 못하자 혁명과 대외 전쟁 속에서 지쳐 있던 국민들은 프랑스의 안정과 질서를 지켜 주고 프랑스의 위기를 극복해 줄 강력한 정부를 바라고 있었어.

바로 이때 젊고 용감한 장군인 보나파르트 나폴레옹이 등장했어. 나폴레옹은 알프스산맥을 넘어 이탈리아를 정복한 것을 시작으로 가는 곳마다 프랑스를 승리로 이끌었어. 그는 기세를 몰아 이집트의 알렉산드리아까지 차지했지. 프랑스 사람들은 새롭게 등장한 강력한 영웅에게 열광했어. 당시 나폴레옹의 인기는 하늘을 찌를 만큼 대단했어.

그러자 나폴레옹은 1799년에 쿠데타를 일으켜 정권을 잡았어. 그는 나라의 지도자를 뜻하는 '제1통령'이 되어 프랑스 혁명 정신이 담긴 《나폴레옹 법전》을 펴냈어. 또한 여러 가지 개혁을 진행하여 프랑스를 안정시키려고 노력했지. 바깥으로는 계속해서 정복 활동을 이어 나가 에스파냐, 프로이센, 오스트리아를 프랑스 영토로 만들었어. 그는 영국과 러시아를 제외한 유럽 대부분을 정복해 프랑스 역사상 가장 넓은 영토를 차지했단다.

프랑스 사람들의 열렬한 지지를

▲《나폴레옹 법전》

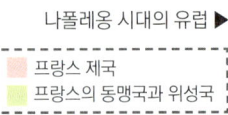
나폴레옹 시대의 유럽 ▶
프랑스 제국
프랑스의 동맹국과 위성국

받은 나폴레옹은 1804년 국민 투표를 통해 황제가 되었어. 그러자 유럽 여러 나라가 나폴레옹을 두려워하며 하나로 뭉쳤어.

▼ 황제의 관을 쓴 나폴레옹이 황후에게 직접 관을 씌워 주는 모습

황제로 즉위한 뒤 나폴레옹은 영국을 공격했지만 트라팔가르 해전에서 영국 함대에게 완패하고 말았어. 화가 난 나폴레옹은 유럽 대륙에서 영국을 외톨이로 만들려는 목적으로 러시아를 치기로 했지. 당시 나폴레옹은 유럽 여러 나라에 영국과 교역을 하지 말라며 '대륙 봉쇄령'을 내렸는데, 러시아가 이를 어

기고 영국에 식량을 수출했기 때문이야.

그러나 나폴레옹은 러시아와의 전쟁에서도 크게 패배하고 말았어. 원정을 떠날 때는 60만 명이었던 군사 중에서 전쟁 뒤에 살아 돌아온 병사는 5만 명밖에 안 됐으니 얼마나 큰 패배였을지 짐작이 가지?

▲ 러시아에서 철수하는 나폴레옹 군대의 모습을 그린 그림

그 뒤 나폴레옹은 이탈리아 근처의 엘바섬으로 유배되어 그곳에 갇혀 살았어. 그러다 1815년 엘바섬을 탈출해 프랑스로 왔단다. 다시 권력을 잡은 그는 군대를 이끌고 워털루에서 영국-프로이센 연합군과 싸웠지. 하지만 워털루 전투에서도 연합군에 패배하면서 나폴레옹은 완전히 힘을 잃고 말았어. 이후 대서양에 있는 세인트헬레나섬에 유배된 나폴레옹은 그곳에서 6년 만에 숨을 거두었단다. 프랑스 혁명은 이렇게 나폴레옹 시대와 함께 막을 내렸어.

▼ 워털루 전투 장면을 그린 그림이야. 이 전쟁에서 나폴레옹의 프랑스 군대는 영국-프로이센 연합군에 크게 패배했어.

베토벤의 〈영웅〉과 나폴레옹

작곡가 베토벤이 남긴 작품 중 교향곡 제3번 〈영웅〉을 들어 본 적 있니? 제목처럼 아주 웅장하고 힘이 넘치는 작품으로 유명하지.

▲ 베토벤

원래 이 곡은 베토벤이 나폴레옹에게 바치려고 만든 것이었어. 베토벤은 나폴레옹이 프랑스 혁명 정신을 이어받아 프랑스를 개혁할 것이라고 기대했어. 실제로 초기의 나폴레옹은 그런 모습을 보여 주기도 했거든.

베토벤은 그를 생각하며 열심히 작곡했고, 작품을 완성한 뒤에는 표지에 '보나파르트 나폴레옹에게 이 작품을 바친다.'라고 썼단다.

그런데 나폴레옹이 황제가 되었다는 소식이 들려오자 베토벤은 표지를 찢고 다시 새 표지를 붙였어. 그러고는 작품 제목을 '영웅'이라고 붙였단다. 나폴레옹을 잘못된 왕정에 맞서 싸우는 영웅이라고 생각했는데, 그가 스스로 황제의 자리에 오르자 실망했던 거야. 그래서 자신이 만든 곡을 나폴레옹에게 바치지 않고 제목을 바꾼 것이지.

프랑스 혁명의 의의

프랑스 혁명은 왕, 귀족, 성직자와 같은 특권 계층만을 위해 존재했던 낡은 신분 질서를 무너뜨리고 자유로운 근대 시민 사회의 토대를 만들고자 한 전형적인 시민 혁명이었어. 17, 18세기 혁명들 가운

데 가장 대중적이면서도 급진적이었지. 또한 혁명 시기에 표출된 자유·평등·우애의 정신은 이후 민주주의의 전개에 있어서 중요한 이념과 행동 목표를 제공했어.

프랑스 혁명은 18세기 계몽사상의 영향을 받았기에 봉건적이거나 미신적, 비합리적인 요소들과 잘못된 구습들을 바로잡고 진보를 이루고자 했어. 또한 개인의 양심과 신앙이 존중되는 사회를 만들고자 했지. 사생활 면에서는 자유롭게 이혼할 권리가 부여되었으며 해외 식민지에서의 노예 해방도 일시적으로나마 이루어졌어.

나폴레옹은 공화정을 무너뜨리고 황제의 자리에 오르기는 했지만 혁명의 혼란을 수습하고 프랑스 혁명의 중요한 업적들을 유지하고 계승하는 데 기여했지. 그리하여 봉건적 특권 계급이 주도하던 사회는 혁명을 통해 시민 계급이 주도하는 자유주의 사회로 전환되었어. 또한 보다 자유롭고 평등한 자유민주주의 사회 형성의 토대도 마련되었지.

나폴레옹은 국가 재정을 정비하고 국민 교육 제도를 도입하는 개혁도 실시했어.

유럽으로 퍼져 나간 자유주의

나폴레옹의 몰락 이후 유럽을 다시 편성하기 위해 오스트리아의 수도인 빈에서 회의가 열렸어. 이 회의의 의장이었던 오스트리아의 재상 메테르니히는 굳은 표정으로 입을 열었지.

"프랑스 혁명과 나폴레옹이 무너뜨린 유럽의 옛

▲ 메테르니히

질서를 되찾아야 합니다. 모든 것을 프랑스 혁명이 일어나기 전으로 되돌리고 왕이 중심이 되는 왕정을 굳건하게 합시다."

유럽 여러 나라의 왕과 대표들은 모두 메테르니히의 생각에 찬성했어. 프랑스 혁명에 영향을 받은 사람들이 자유와 평등을 주장하며 들고일어나면 큰일이라고 생각했는데, 왕정을 강화하자고 하니 반대할 까닭이 없잖아.

빈 회의 이후 프랑스에서는 루이 18세가 왕이 되었어. 영국, 러시아, 오스트리아, 프로이센 네 나라도 유럽의 옛 체제를 유지하기로 했지. 나폴레옹에게 정복당했던 왕국들도 거의 되살아나 프랑스가 차지했던 땅을 다시 나눠 갖고 국경을 정했어. 이것을 일컬어 '빈 체제'라고 해.

그렇지만 빈 체제는 오래갈 수 없었어. 앞서 100년 동안 영국 혁명, 산업 혁명, 미국 독립 혁명, 프랑스 혁명 등 여러 혁명을 직접 겪거나 지켜본 유럽 사람들의 마음속에 자유와 평등을 추구하는 자유주의와 국가와 민족을 생각하는 민족주의가 자리 잡고 있었기 때문이야.

특히 1820년대 무렵 그리스가 독립 운동을 벌이고 라틴아메리카 지역에서 독립을 향한 움직임이 일었을 때 빈 체제의 중심 국가였던 영국이 이들 국가의 독립을 지지함으로써 빈 체제의 결속은 흔들리기 시작했어.

16세기 이래로 오스만 제국의 지배 아래에 있던 그리스는 1822년

빈 회의에서 유럽의 국가들은 각 국가의 절대 왕정을 유지하고 자유주의와 민족주의 운동을 막기 위해 힘을 합칠 것을 결의했지.

독립을 선언하며 오스만 제국의 지배
에서 벗어나고자 했어. 오스만 제국은
군대를 파견하여 그리스인들의 독립
을 무력으로 저지하려고 했지. 하지만
오스만 제국의 세력이 약화되기를 바

▲ 그리스의 독립 전쟁을 그린 그림

라고 있던 러시아, 영국, 프랑스 삼국의 연합 함대가 그리스를 지원하
면서 오스만 제국의 의도는 좌절되고 말아. 마침내 그리스는 1829년,
튀르크군을 격파하고 독립을 달성하지.

역사 속 재미 쏙

그리스의 독립과 유럽의 지원

그리스가 독립 전쟁을 전개하자 오스만 제국은 자신의 영향
아래에 있던 이집트의 군대를 동원하여 이를 진압하고자 했
어. 그리스의 독립군은 이집트군의 공격을 받아 그리스 독립
군 근거지인 미솔롱기를 함락당하고 패배하고 말지. 이 사건
으로 그리스의 독립 운동은 위기에 빠졌어.
하지만 그리스의 고전 문화를 동경하던 유럽의 낭
만주의자들과 자유주의 세력들이 다양한
방법을 동원하여 그리스의 독립을 지
원했어. 특히 영국의 시인 바이런은
전쟁에 직접 참여하였다 전사했고,
프랑스의 화가인 들라크루아는 〈미
솔롱기의 폐허 위에 선 그리스〉를 그
려 그리스의 독립을 향한 열망을 국제
여론에 호소했어.

▼ 들라크루아의
〈미솔롱기의 폐허 위에 선 그리스〉

▲ 바이런

7월 혁명과 2월 혁명

빈 체제 이후 프랑스에서는 다시 왕정이 실시되었어. 왕위에 오른 샤를 10세는 의회를 해산하고 언론을 탄압하는 등 절대 왕정으로 돌아가려고 했어. 게다가 경제 위기로 식량마저 부족해 시민들의 불만은 더욱 커졌지. 이에 파리 시민이 혁명을 일으켰어. 샤를 10세를 쫓아내고, 헌법을 제정하여 입헌 군주제를 실시했어. 그리고 루이 필리프를 '시민의 왕'으로 추대했어. 이 사건이 바로 7월 혁명이란다.

▲ 샤를 10세

7월 혁명 이후 프랑스에서는 본격적으로 산업 혁명이 진행되었어. 이 과정에서 시민과 노동자가 성장했지. 이들은 자신들의 권리를 대변해 줄 대표를 의회로 보내기 위하여 선거권을 요구했어.

그러나 프랑스 왕정은 일정한 재산을 가진 상층 시민에게만 선거권을 주었어. 그리고 이에 항의하는 시민과 노동자를 폭력으로 진압했지. 이에 시민과 노동자는 혁명을 일으켜 루이 필리프를 몰아내고 공화정을 세웠어. 1848년에 일어난 이 사건을 2월 혁명이라고 해.

▲ 들라크루아가 그린 〈민중을 이끄는 자유의 여신〉이야. 프랑스의 7월 혁명을 상징하는 그림이지.

2월 혁명이 성공하자 그 불꽃을 이어받아 유럽 곳곳에서 혁명이 일어났어. 대표적으로 오스트리아에서는 3월 혁명이 일어나 메테르니히가 추방되고 빈 체제가 무너졌단다.

▲ 프랑스의 2월 혁명

역사 속 상식 쏙

7월 혁명을 그린 《레 미제라블》

소설 《레 미제라블》은 빵을 훔쳐 감옥살이를 하게 된 장 발장이라는 주인공이 자기희생과 속죄를 통해 성인(聖人)으로 거듭나는 이야기를 그린 작품이야. 프랑스 소설가인 빅토르 위고가 16년 동안 써서 1862년에 발표했지.

소설의 주인공인 장 발장은 19년 동안 감옥살이를 한 뒤 바깥 세상으로 나왔지만 아무도 그를 반겨 주지 않았어. 전과자라는 이유로 사람들에게서 소외된 장 발장은 자신의 불우한 인생을 저주했지. 그러다 미리엘 신부의 따뜻한 사랑으로 장 발장은 새로운 사람으로 거듭나고 존경받는 시장이 돼. 그 뒤 장 발장은 어려움에 처한 코제트라는 소녀를 자신의 딸로 삼아 보살핀단다. 이후 코제트가 사랑하는 청년인 마리우스가 혁명군으로 활동하다 위험에 처하자, 목숨을 걸고 그를 구해 내지.

'레 미제라블'은 우리말로 풀이하면 '비참한 사람들'이라는 뜻이야. 소설 속에는 제목만큼이나 가난과 억압 속에 고통받는 민중의 모습이 생생하게 그려져 있단다. 또한 노동자와 농민 들의 저항 정신과 자유와 평등을 꿈꾸는 뜨거운 혁명 정신, 그리고 따뜻하고 숭고한 인간애도 담겨 있는 작품이야. 특히나 《레 미제라블》에는 프랑스 7월 혁명의 과정이 잘 설명되어 있어. 7월 혁명에 대해 더 잘 알고 싶다면 이 작품을 읽어 보렴.

▲ 빅토르 위고

영국의 참정권 확대 운동

영국에서도 차티스트 운동이 다시 일어나 무려 5백만 명이 선거법을 개정하자는 운동에 서명했어. 차티스트 운동은 1838년에 영국 노동자들이 시작한 운동이야. 1832년 영국은 제1차 선거법 개정을 실시했는데 신흥 상공업자에게만 투표권을 줬어. 즉 돈이 많은 사람만이 정치에 참여할 수 있게 한 거야. 노동자들은 영국의 산업이 발전하는 데 자신들이 큰 역할을 했는데도 선거권을 주지 않는 것은 공평하지 않다면서 들고일어났어. 이것을 차티스트 운동이라고 해.

차티스트 운동은 거의 10년 동안 계속되었지만 결국 성공하지는 못했어. 영국의 노동자들은 차티스트 운동이 일어난 지 30년 뒤인 1867년에야 선거권을 갖게 되었지. 하지만 차티스트 운동은 유럽에서 처음으로 노동자들이 일으킨 정치 운동이라는 점에서 매우 큰 의미가 있단다.

▲ 차티스트 운동 당시 광장에 모인 영국 노동자들의 모습

이탈리아와 독일의 통일

자유주의가 유럽을 물들이는 동안, 민족주의의 물결도 거세게 퍼져 나갔어. 민족주의란 민족의 독립과 통일을 가장 중시하는 사상을 말해. 한 민족이 다른 민족의 지배와 억압에서 벗어나 자신들만의 나라를 세우고 자유와 독립을 찾는 것을 뜻하지.

프랑스 혁명 당시 사람들은 애국심으로 똘똘 뭉쳐 외국 연합군에 맞서 싸웠어. 그 모습을 보며 유럽 사람들의 마음속에는 분열된 민족이 정치적으로 통일되고, 그들의 나라가 외국의 지배나 간섭에 벗어나 독립 국가로 우뚝 세워지길 바라는 마음이 생겨났지.

특히 나폴레옹의 군대는 당시 유럽에 민족주의가 확산되는 데 크게 이바지했단다. 나폴레옹이 유럽을 휩쓸고 다니며 여러 나라를 정복할 때, 처음에는 정복한 나라 사람들을 프랑스 사람들과 평등하게 대하고 존중했어. 왕과 귀족만을 떠받드는 봉건주의에서 해방시켜 주겠다는 명분을 내세우면서 말이야. 하지만 정복 전쟁이 계속되면서 나폴레옹 군대는 다른 민족의 전통이나 종교를 무시하고 심지어 민간인을 무참히 학살하기까지 했어. 이런 일을 겪으며 유럽 사람들의 마음속에는 다른 민족의 지배에 맞서 자기 민족의 자유와 독립을 지켜야 한다는 민족주의가 강하게 자리 잡게 된 거야.

이탈리아와 독일에서도 통일 국가를 향한 움직임이 시작되었어. 19세기 중반까지 이탈리아와 독일은 여러 개의 작은 나라로 쪼개져 하나의 나라를 이루지 못했거든. 지역마다 여러 면에서 차이가 나는

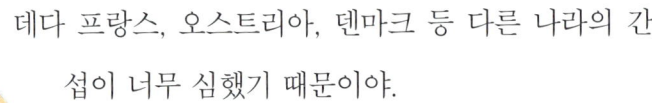

데다 프랑스, 오스트리아, 덴마크 등 다른 나라의 간섭이 너무 심했기 때문이야.

그러다가 이탈리아는 가리발디의 활약으로 1861년에 통일을 이뤘어. 가리발디는 '붉은 셔츠 부대'라는 의용대를 꾸려 오스트리아를 물리치고 남부 이탈리아를 점령해 이탈리아를 하나의 국가로 통일하는 데 도움을 주었지.

빈 회의의 결과 세워진 독일 연방은 수십 개의 나라가 하나로 묶인 느슨한 형태의 국가 연합이었어. 그 가운데 프로이센은 독일 연방의 다른 나라와 관세 동맹을 체결하여 정치적 통일을 위한 경제적 기반을 마련했어.

▲ 가리발디

유럽 각 지역에서 일어난 혁명의 영향으로 1848년 프랑크푸르트 국민 의회가 열렸어. 이 의회에서 독일의 통일이 논의되었지만 성과 없이 끝났지.

그 뒤 프로이센의 총리 오토 폰 비스마르크가 독일의 통일을 이끌었어. 비스마르크는 1862년에 프로이센의 총리가 된 뒤 취임식에서 이렇게 말했어.

"지금 우리의 문제는 오직 철과 피, 곧 무기와 강한 군사력으로만 해결할 수 있다."

그러나 프로이센 의회는 비스마르크의 철혈 정책을 비난하며 반대했어. 무기와 강한 군사력을 갖추

▲ 비스마르크

기 위해서는 국민들이 세금을 많이 내야 했기 때문이지.

그렇지만 비스마르크는 철혈 정책을 강하게 밀어붙였어. 그 결과 수십 개의 작은 나라로 나뉘어 있던 독일 연방을 프로이센 중심으로 통일할 수 있었지. 비스마르크는 이 정책으로 프랑스와 오스트리아를 물리치고 여러 개의 독립국을 모아 결국 1871년에 독일 제국을 선포했단다.

◀ 빌헬름 1세의 황제 즉위식

프랑스의 영웅, 나폴레옹

"불가능은 바보들의 사전에나 있는 말이다. 내 사전에 '불가능'이란 단어는 없다."
바로 프랑스 혁명 당시 혼란에 빠졌던 프랑스를 구하고, 유럽을 주름잡았던 보나파르트 나폴레옹이 했던 말이야.

유럽 여러 나라를 정복해 나가던 나폴레옹은 알프스산맥을 넘어 이탈리아를 공격하기 위해 길을 떠났어. 하지만 알프스산맥이 너무도 높고 험한 데다 눈까지 덮여 있어 넘어가는 것조차 힘들어 보였지. 병사들은 알프스산맥을 넘는 것은 불가능한 일이라며 포기하려고 했어. 그러자 나폴레옹은 '내 사전에 불가능은 없다.'라는 말로 병사들의 사기를 높여 알프스산맥을 넘게 만들었단다. 알프스산맥을 넘은 나폴레옹 군대는 이탈리아를 무찌르고 전쟁에서 승리했어.

이후 연승을 거두며 나폴레옹은 프랑스 국민의 지지를 받는 영웅이 되었지.

프랑스 혁명이 일어난 뒤 프랑스의 상황은 무척 혼란스러웠어. 안으로는 루이 16세가 처형당하고, 밖으로는 외국 군대의 침입이 이어졌거든. 나폴레옹은 이 시기에 뛰어난 지도력으로 프랑스의 혼란을 잠재웠어. 또 정복 전쟁으로 프랑스 역사에서 가장 넓은 영토를 차지해 프랑스를 유럽 최고의 나라로 만드는 업적을 세웠지. 또한 나폴레옹은 프랑스 혁명의 자유·평등·우애의 이념을 담은 《나폴레옹 법전》을 만들었으며, 다양한 제도를 개혁해 나갔지.

그렇지만 나폴레옹은 이후 쿠데타를 일으켜 정권을 차지하고 황제가 되었어. 왕이 제멋대로 권력을 휘

▲ 나폴레옹

두르지 못하도록 하는 혁명에 가담하고, 혁명 정신으로 개혁을 추진하던 나폴레옹이 황제의 자리에 올라 권력을 가지게 된 거야. 그도 결국 권력을 탐냈던 거지.
나폴레옹은 다른 나라와 전쟁할 때 그 나라 사람들에게 시민을 억압하는 왕정을 무너뜨리고 자유와 평등의 혁명 정신으로 해방시켜 줄 것을 약속했어. 그러나 정복 전쟁이 계속되면서 나폴레옹의 약속은 지켜지지 않았어. 그뿐 아니라 점령 지역을 탄압하고 학살까지 일으켰지. 이에 프랑스군을 환영했던 유럽 국가의 민중들은 결국 프랑스에 저항하기 시작한 거야. 그러던 중 나폴레옹은 유럽 연합군과 치른 워털루 전투에서 패배하고, 대서양에 있는 세인트헬레나섬으로 쫓겨났어. 그리고 그 섬에 갇힌 지 6년 만에 쓸쓸히 세상을 떠났단다.
그렇지만 예나 지금이나 프랑스 사람들에게 나폴레옹은 영웅 중의 영웅으로 꼽혀. 프랑스 사람들이 자랑스럽게 여기는 프랑스 혁명의 정신을 유럽에 널리 퍼뜨렸고, 프랑스 역사에서 가장 넓은 영토를 차지해 프랑스의 위상을 드높인 지도자이기 때문이야.

📖 세계사가 한눈에 쏙!

01 로베스피에르의 공포 정치가 막을 내리고 나폴레옹이 등장했다. 나폴레옹은 이탈리아를 시작으로 유럽 여러 나라를 정복했다.

02 나폴레옹은 1799년 쿠데타를 일으켜 정권을 잡고 제1통령의 자리에 올랐다. 그는 프랑스 혁명 정신이 담긴 《나폴레옹 법전》을 펴내고 개혁을 추진하여 프랑스를 안정시켰다. 1804년 나폴레옹은 국민 투표를 통해 황제가 되었다.

03 나폴레옹은 영국과의 전쟁에 이어 러시아와의 전쟁에서도 패한 뒤 엘바섬에 유배되었다. 그곳에서 탈출한 나폴레옹은 다시 군사를 이끌고 워털루 전투에서 영국-프로이센 연합군과 싸웠지만 패배했다. 이후 나폴레옹은 세인트헬레나섬에 유배되어 그곳에서 숨을 거두었다.

04　유럽에 퍼져 나간 자유주의의 물결에 맞서 절대 왕정을 굳건하게 하려는 '빈 체제'가 나타났지만 오래가지 못했다. 특히 그리스가 독립 운동을 벌이고 라틴아메리카 지역에서 독립을 향한 움직임이 일었을 때 빈 체제의 중심 국가였던 영국이 이들 국가를 지지해 빈 체제의 결속이 흔들렸다.

05　프랑스에서 7월 혁명과 2월 혁명이 일어나 일반 시민들도 선거권을 가지게 되었다. 이 혁명의 성공으로 유럽 곳곳에서도 혁명이 일어났다. 영국에서도 시민들이 선거권을 요구하며 차티스트 운동이 일어났다.

06　자유주의와 함께 유럽에 민족주의가 확산되었다. 그 영향으로 이탈리아는 오스트리아를 물리치고 북부와 중부, 남부 이탈리아를 합쳐 하나의 국가로 통일되었다. 수십 개의 작은 나라로 나뉘어 있던 독일 연방은 프로이센을 중심으로 하여 통일한 뒤 독일 제국을 선포했다.

5장
미국의 발전과 러시아의 근대화

| 미국의 영토 확장과 남북 대립
| 노예제가 폐지되고 날아오른 미국
| 잇달아 독립한 라틴아메리카
| 근대화를 위한 러시아의 노력

유럽에서 잇달아 일어난 혁명으로 자유주의와 민족주의가 퍼져 가고 있을 때 대서양 건너 아메리카 대륙도 크게 변화하고 있었어. 독립 혁명을 거쳐 새롭게 탄생한 미국은 북아메리카에서 영토를 넓히며 하루가 다르게 성장해 갔어. 북부에서는 풍부한 자원과 노동력을 활용해 상공업을 키워 갔고, 남부에서는 아프리카에서 끌고 온 흑인 노예를 부려 대농장에서 목화나 사탕수수 등 농작물을 생산했지.

그런데 노예제를 반대하는 링컨이 대통령에 당선되자 남부의 일곱 개 주는 미국 연방에서 탈퇴하겠다고 했어. 연이어 북부와 남부가 노예제를 둘러싸고 팽팽히 맞서면서 남북 전쟁이 시작되었어. 남북 전쟁은 4년 동안 이어졌고, 결국 북부의 승리로 끝났어. 그 뒤 미국은 남부와 북부가 서로 힘을 합치고, 산업과 경제가 발전하면서 더욱 성장했단다. 이 무렵 아메리카 대륙 남쪽의 라틴아메리카 지역은 유럽의 식민지였다가 독립을 이룬 나라들이 꽤 많았어. 그렇지만 경제 사정이 나빴기 때문에 대부분 미국의 도움을 받아야 했지.

한편 유럽 여러 나라가 혁명을 거쳐 발전하고 미국이 성장하고 있을 때 러시아는 여전히 황제가 다스리고 있었던 데다 산업도 발전하지 못한 상태였어. 그러던 중 알렉산드르 2세가 농노 해방령을 내리면서 근대화를 향해 조금씩 나아가기 시작했지.

이번 장에서는 미국의 발전과 라틴아메리카의 독립, 러시아의 근대화를 알아보자.

◀ 미국의 남북 전쟁 당시 전투 장면

미국의 영토 확장과 남북 대립

1783년 영국의 식민지로부터 독립해 탄생한 미국은 빠른 속도로 발전해 갔어. 미국은 1803년 프랑스로부터 루이지애나를 포함한 넓은 땅을 사들인 것을 시작으로, 북아메리카 서부와 중부를 개척하면서 영토를 크게 넓혔어. 그리고 다른 나라의 땅을 싸게 사들이거나 전쟁을 벌여 빼앗기도 하면서 영토를 늘려 갔지.

> 미국이 루이지애나를 사들인 이유는 뉴올리언스 때문이었어. 이곳이 미국 내부의 온갖 무역품을 모아 수출하는 중요한 장소였기 때문이지.

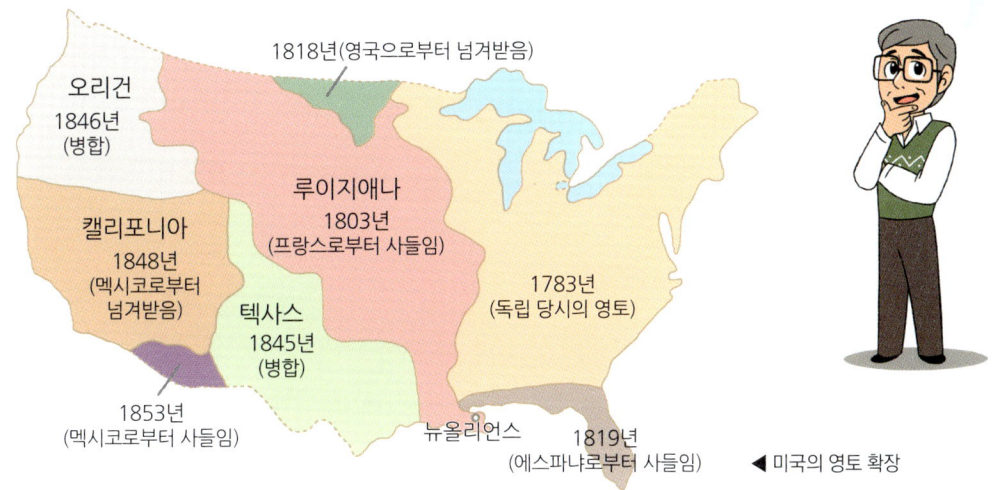

◀ 미국의 영토 확장

그런데 이 과정에서 원래 아메리카 대륙에 살고 있던 원주민들이 큰 고통을 당해야 했어. 이들은 영토 문제 때문에 백인들에게 무참하게 죽임을 당하거나 정든 땅을 떠나 다른 곳으로 삶의 터전을 옮겨야만 했지. 특히 1830년부터는 미국이 '원주민 강제 이주법'을 만들어 원주민들을 다른 곳으로 쫓아내고 땅을 빼앗기 시작했어. 원주민들은 미국인들과 맞서 싸우기도 하고, 때로는 더불어 사는 평화로운 삶, 즉 공존을 호소하기도 했지. 그러나 결국 원주민들은 강제 이주의 길을 떠나야 했어. 억울하게 삶의 터전을 빼앗긴 원주민들은 험난한 여행길 위에서 죽어 갔단다. 이주지에 도착했을 때는 절반 이상의 사람들이 죽었어. 어떤 원주민 부족은 10분의 1만이 살아남은 경우도 있었단다. 원주민들이 겪어야 했던 이 험난한 이주 경로를 '눈물의 길'이라고 해. 그런데 미국은 원주민들이 오클라호마로 이주한 지 20년도 채 지나지 않았을 때 다시 이들을 서쪽으로 내쫓았단다. 힘없는 원주민들은 또다시 밀려날 수밖에 없었어. 미국이 영토를 넓히며 빠르게 발전하는 모습 뒤에는 원주민들의 크나큰 희생이 따랐던 거야.

1850년대에 이르러 미국은 대서양 연안에서 태평양 연안에 이르는 거대한 영토를 거느리면서 빠르게 성장했단다. 그런데 북부와 남부가 서로 다른 산업을 발전시키기 시작하면서부터 문제가 생겼어.

북부는 풍부한 노동력과 자원을 바탕으로 상업과 공업이 발달한 지역이었어. 반면 남부는 드넓은 농장에서 목화를 재배해 수출하거나 사탕수수 같은 농작물을 생산하는 농업이 발달했지. 대농장을 운영하려면 일손이 많이 필요했기 때문에 당시 남부 사람들은 노

▲ 눈물의 길에 세워진 원주민 추모비

▲ 눈물의 길 표지판

예 무역을 통해 아프리카에서 많은 사람들을 끌고 와서 노예로 부렸어. 이들을 흔히 흑인 노예라고 불렀어. 흑인 노예들은 가혹한 노동에 시달리며 비참한 생활을 해야 했지.

이러한 차이 때문에 시간이 지날수록 북부와 남부 사람들은 서로 다른 생각을 갖고 대립하게 되었어. 북부 사람들은 이렇게 주장했어.

"미국의 상공업은 이제 막 걸음마를 떼고 발전하기 시작했습니다. 그러니 영국에서 수입되는 상품에 높은 세금을 매겨 미국의 상공업을 보호해야만 합니다."

"맞습니다. 그래야 우리 북부에서 만드는 상품이 잘 팔려 미국이 발전할 수 있을 테니까요."

그렇지만 남부 사람들은 이런 북부 사람들의 주장에 반대했지.

"영국에서 수입되는 상품에 높은 세금을 물리면 남부는 어떡하라

▼ 원슬로 호머의 〈목화 따는 사람들〉

는 거요? 그렇게 되면 우리가 생산한 목화를 영국에 수출할 수 없게 됩니다."

"옳습니다! 북부 사람들은 어떻게 자기들 생각만 한답니까?"

"남부 사람들은 자기들 배만 불리면 되고, 미국 전체가 발전하는 데에는 관심이 없는 겁니까? 게다가 우리나라는 자유와 평등의 나라인데 아직도 아프리카 사람들을 노예로 부려 먹는 게 말이 된다고 생각합니까? 노예제를 당장 없애야 마땅합니다."

"북부는 노동자와 실업자 문제가 심각하다면서요? 제 코가 석 자인 주제에 노예 걱정까지 하다니 웃기는군요. 그리고 노예제를 없애면 우리 대농장의 농사일은 누가 한단 말입니까?"

이렇게 미국은 남부와 북부로 나뉘어 대립하게 되었어.

◀ 남부와 북부의 경계

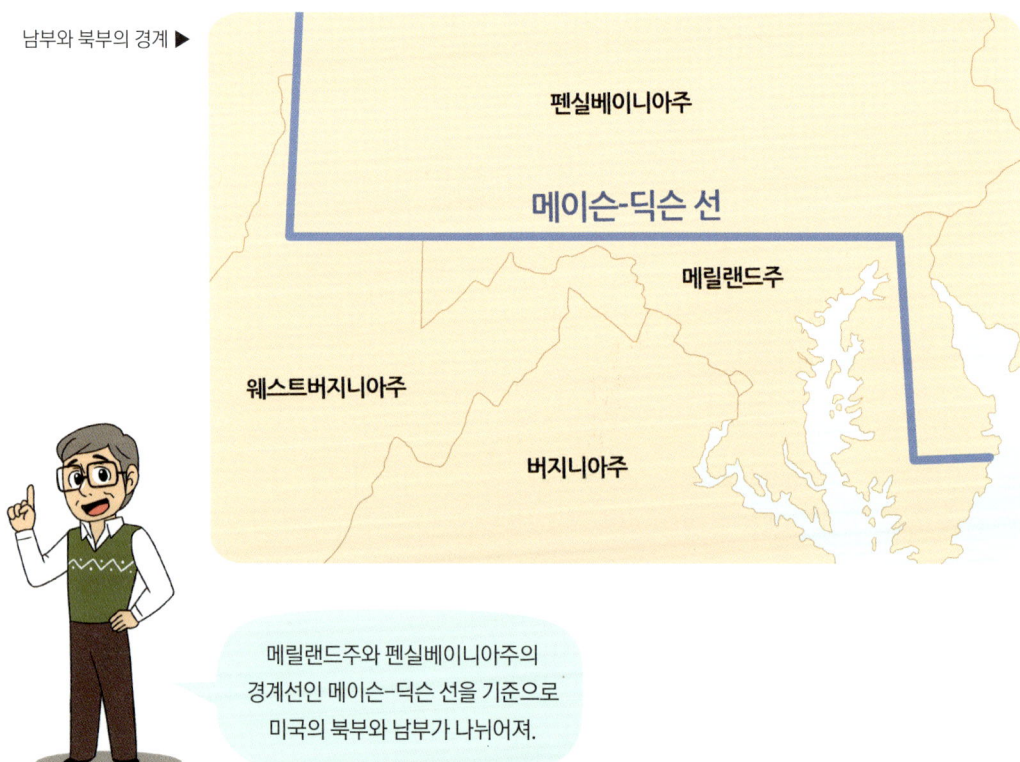

메릴랜드주와 펜실베이니아주의 경계선인 메이슨-딕슨 선을 기준으로 미국의 북부와 남부가 나뉘어져.

원주민 추장의 편지와 시애틀

미국이 아메리카 대륙에서 영토를 마구 넓혀 가던 1854년의 일이야. 당시 미국의 대통령이었던 프랭클린 피어스는 대표단을 보내 원주민 부족의 추장 시애틀에게 땅을 팔라고 제안했어. 그러자 시애틀은 피어스에게 이런 편지를 보냈지.
"대통령이 우리 땅을 사고 싶어 한다는 소식을 들었습니다. 하지만 어떻게 땅과 하늘을 사고팔 수 있겠습니까? 땅은 사람의 것이 아닙니다. 사람이 땅에 속하는 것입니다. 우리는 압니다, 신은 하나라는 것을. 빨간 사람(원주민)이든 흰 사람(백인)이든 사람은 나뉠 수 없다는 것을. 우리는 결국 형제입니다."
피어스 대통령은 그 편지를 보고 감동한 나머지 시애틀 추장이 다스리던 지역의 이름을 그의 이름을 따서 '시애틀'이라고 했대. 시애틀 추장의 편지는 아메리카 원주민들의 공존 정신을 엿볼 수 있는 감동적인 편지가 아닐 수 없어.

▲ 피어스

노예 무역과 노예제

노예 무역과 노예제를 없애려는 움직임은 18세기 후반부터 유럽과 미국에서 나타나기 시작했어. 사람들 사이에서 노예 무역과 노예제가 인권을 심각하게 해치는 비인간적인 제도라는 생각이 싹텄기 때문이야.
이에 1802년에 덴마크가 처음으로 노예 무역을 법으로 금지했어. 덴마크의 뒤를 이어 미국, 영국, 프랑스도 노예 무역을 없앴지. 아울러 영국이 1833년에 노예제를 폐지한 것을 시작으로 프랑스, 미국, 브라질도 잇달아 노예제를 없애려 노력하기 시작했단다.

▲ 남북 전쟁 당시 미국 남부의 대농장에서 흑인 노예들이 농사를 짓는 모습

▲ 링컨

노예제가 폐지되고 날아오른 미국

미국 북부와 남부가 이렇게 대립하고 있던 1861년, 에이브러햄 링컨이 미국의 대통령이 되었어. 그런데 링컨은 북부 출신인 데다 노예제를 반대하는 사람이었지. 링컨이 대통령이 되자 사우스캐롤라이나주를 포함한 남부의 일곱 개 주는 아메리카 합중국에서 탈퇴하고 독립을 선언했어. 이들은 아메리카 남부 연합을 만들고 자신들만의 헌법도 만들었어. 그리고 대통령까지 뽑았단다. 남부 연합의 대통령이 된 사람은 제퍼슨 데이비스였어.

그렇지만 미국 정부는 남부 연합을 인정하지 않았어. 결국 1861년 4월 12일 남부군이 북부에 해당하는 사우스캐롤라이나주의 한 요새를 공격하면서 남북 전쟁이 시작됐어.

전쟁 초반에는 남부가 우세해 보였어. 그러나 전쟁은 쉽게 끝나지 않고 길어졌지. 또한 시간이 갈수록 격렬해졌어.

전쟁이 남부에 유리하게 돌아가고 있던 중 1862년 9월, 메릴랜드주에서 벌어진 앤티텀 전투에서 북부가 승리했어. 이에 자신감을 얻은 링컨은 1863년 1월 1일, 노예 해방을 선언했지. 그러자 전세는

▼ 앤티텀 전투 장면

완전히 바뀌게 되었어. 남부의 흑인 노예들이 북군에 합류했고, 자유를 추구하는 유럽의 나라들이 북군을 지지하기 시작했어.

이후 북군과 남군은 게티즈버그에서 남북 전쟁 중 가장 치열한 전투를 벌였어. 북군이 이 전투에서 승리하면서 남북 전쟁을 승리로 이끌게 되는 계기가 되었지. 결국 남북 전쟁은 1865년 4월 12일, 남군이 항복하면서 끝이 났어.

이로써 노예 신분이었던 흑인 4백만여 명은 자유를 얻었어. 또한 선거에서 투표할 수 있는 투표권도 받았지. 그렇다고 해서 흑인들이 완전히 자유로워진 것은 아니었어. 흑인에 대한 인종 차별은 여전했

◀ 미국 남북 전쟁의 가장 치열한 싸움터였던 게티즈버그 전투를 묘사한 그림

▲ 북군에서 싸운 흑인 병사들

▲ 게티즈버그 전투에서 전사한 군인들을 기리기 위해 국립묘지와 함께 세워진 게티즈버그 국립 군사 공원

고, 심지어 백인이 우월하다고 믿는 단체에 살해되거나 폭행을 당하는 일들이 일어났단다.

4년 동안 남북 전쟁이 이어지면서 미국은 북부와 남부로 나뉘어 서로를 적대시하고 총칼을 겨눴어. 인명 피해는 물론이고 남부와 북부 모두 경제적으로 큰 피해를 입었지. 또한 감정적인 문제도 남게 되었어.

그러나 미국은 내전의 상처를 극복하고 통일된 국가의 기틀을 마련해 나가기 시작했어. 남북 전쟁이 끝나고 얼마 지나지 않은 1869년에 완성된 대륙 횡단 철도는 넓은 영토를 동서로 가로지르며 빠르게 연결하여 미국 사람들을 단결시키고 산업을 발전시키는 데 크게 이바지했단다.

이후 미국은 자유와 인권이 보장되고 산업이 발전할 수 있는 가능성이 높은 나라로 인정받게 되었어. 그래서 유럽에서 미국으로 오는 이민자들도 엄청나게 늘어났어. 이들은 '아메리칸 드림', 즉 미국에서 열심히 노력하면 돈도 많이 벌고 높은 자리에도 오를 수 있다는 꿈을 안고서 기회의 땅인 미국으로 향했어. 이로 인해 미국의 노동 인구는 많아지고 산업은 더욱 빠르게 성장했으며 문화와 예술도 눈부시게 발전했지.

▼ 1869년 미국 대륙 횡단 철도의 첫 운행 장면을 담은 사진

드넓은 영토와 자본, 풍부한 노동력, 개척 정신을 고루 갖춘 미국은 이때부터 세계 강대국으로 발돋움하기 시작했어.

하나 된 미국을 지켜 낸 링컨

"오늘 이 자리에서 우리는 병사들의 숭고한 희생이 결코 헛되지 않을 것이라 다짐합니다. 신의 보살핌 아래 국민의, 국민에 의한, 국민을 위한 정부는 이 땅에서 결코 사라지지 않을 것입니다."

남북 전쟁이 한창이던 1863년 11월 19일, 미국의 제16대 대통령 에이브러햄 링컨은 게티즈버그 전투에서 죽은 장병들을 기리는 추도식에서 이런 연설을 했어. 이는 미국 역사에서 가장 위대한 연설로 꼽힌단다.

링컨은 이 연설에서 '국민의, 국민에 의한, 국민을 위한 정부'란 말을 통해 민주주의의 정신을 짧고도 명확하게 전달했어. 여기서 '국민의 정부'란 나라의 주인이 국민이라는 뜻이고, '국민에 의한 정부'는 나라의 일이 국민들의 뜻에 의해 결정된다는 것을 의미해. 그리고 '국민을 위한 정부'란 정부가 국민을 위해서 존재해야 함을 강조한 말이지.

링컨은 가난한 농민의 아들로 태어나 어렸을 때부터 일을 하느라 학교 교육을 제대로 받지 못했단다. 하지만 어려운 형편에도 열심히 법률 공부를 해서 변호사가 됐고 주 의원, 연방 하원 의원을 거쳐 대통령의 자리에까지 올랐지.

노예제를 없애 흑인 노예들에게 자유를 주고, 남북으로 갈라졌던 미국의 화합을 위해 노력했던 링컨은 미국 대통령 중에서 위대한 인물 중 한 사람으로 꼽힌단다. 그러나 이런 훌륭한 업적을 남겼음에도 링컨의 마지막은 안타깝기 짝이 없었어. 그는 남북 전쟁이 끝난 이틀 뒤인 1865년 5월, 워싱턴에 있는 극장에서 연극을 보던 중 남부 출신인 연극배우가 쏜 총에 맞아 숨을 거두었어. 대통령에 재선된 바로 다음 해였단다.

▼ 링컨이 암살당하는 순간을 그린 그림

역사 속 재미 쏙

노예제의 실상을 고발한 《톰 아저씨의 오두막》

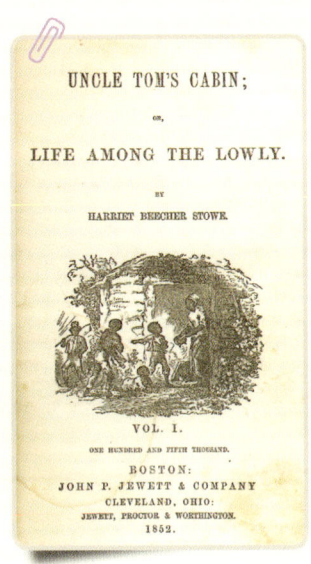
▲ 1852년 발간 당시
《톰 아저씨의 오두막》의 표지

미국 소설 《톰 아저씨의 오두막》은 노예제의 참혹한 실상을 고발한 작품으로 유명해. 남북 전쟁이 벌어지기 전인 1852년, 미국의 여성 작가 해리엇 비처 스토가 발표한 소설이지.

이 소설에는 주인공인 흑인 노예 톰이 미국 남부 이곳저곳으로 팔려 다니며 인간 이하의 비참한 삶을 사는 모습이 그려져 있단다. 이 작품이 발표되자 미국 사람들은 그동안 당연하게 여기던 노예제를 다시 생각하기 시작했어. 그리고 비인간적인 노예제를 폐지해야 한다고 생각하는 사람들이 크게 늘었단다. 하지만 노예제를 통해 이익을 얻고 있는 사람들은 이 소설을 비판했지.

《톰 아저씨의 오두막》은 노예 해방의 필요성을 널리 알려 미국에서 흑인들이 노예 신분에서 벗어나는 데 큰 역할을 한 작품이란다.

흑인들을 공격한 KKK단

남북 전쟁이 끝나고 노예제가 폐지되었지만 미국 남부의 흑인들은 불안에 떨어야 했어. 백인이 우월하다고 생각하는 사람들의 모임인 'KKK단'이 흑인들을 이유 없이 공격하고, 폭력을 휘두르며 죽이기까지 했기 때문이야. KKK단은 백인들이 미국을 다스려야 한다고 주장하며 흑인들을 괴롭히려는 의도로 조직된 단체야.

▲ KKK단의 시위 모습

KKK단은 자신들이 백인임을 내세우려고 흰 가면을 쓰고 흰색 천으로 온몸을 감싼 채로 다녔어. 이들은 흑인뿐만 아니라 노예 해방을 찬성하는 백인들에게까지 폭력을 휘두르는 공포의 대상이었단다.

잇달아 독립한 라틴아메리카

라틴아메리카에 있는 '볼리비아'라는 나라의 이름을 들어 본 적 있니? 볼리비아라는 국가명은 19세기에 에스파냐에 맞서 라틴아메리카의 여러 나라를 독립시킨 '시몬 볼리바르'라는 사람의 이름을 따서 지은 것이란다.

19세기 무렵 라틴아메리카에서도 미국의 독립과 프랑스 혁명의 영향을 받아 독립 운동이 시작되었어. 라틴아메리카의 독립 운동을 주도한 것은 크리오요였어. 이들은 식민지의 지배층이지만 에스파냐에서 파견된 관리의 간섭으로 정치적·경제적으로 차별을 받았어. 그래서 나폴레옹 전쟁으로 식민지에 대한 본국의 지배력이 약화되자 본격적으로 독립 운동에 나섰지. 크리오요의 독립 운동은 라틴아메리카 전 지역에 영향을 끼쳤단다.

라틴아메리카에서 가장 먼저 독립을 이룬 나라는 카리브해에 있는 조그마한 섬나라, 아이티였어. 프랑스의 식민지였던 아이티에서는 수많은 흑인 노예들이 사탕수수 농장에서 혹사당하고 있었지. 그러던 중 프랑스 혁명의 소식이 전해지자 아이티 사람들은 큰 자극을 받았어. 또한 미국이 영국으로부터 독립했다는 소식도 들었지. 마침내 아이티에서는 흑인 노예가 투생 루베르튀르를 중심으로 뭉쳐 독립 운동을 일으켰어. 그 결과 1804년, 아이티에 라틴아메리카 최초

▲ 볼리바르

크리오요는 식민지에서 태어난 에스파냐인을 가리키는 말이야.

크리오요 출신의 시몬 볼리바르의 영향을 받아 콜롬비아, 베네수엘라, 볼리비아, 페루도 독립했어.

▲ 먼로

의 흑인 공화국이 세워졌지. 멕시코도 오랜 독립 운동 끝에 에스파냐에서 독립하여 공화국을 세웠어.

빈 체제 성립 이후 메테르니히는 라틴아메리카의 독립 운동을 억압하려 했어. 이에 미국은 1823년 먼로 선언을 발표하여 아메리카 대륙에 대한 유럽의 간섭을 배제했어.

"유럽이 아메리카 대륙에 간섭하지 않으면 미국도 유럽에 간섭하지 않겠다. 아울러 유럽이 아메리카 대륙에 새로운 식민지를 만드는 것을 용서하지 않겠다."

이러한 미국 대통령 제임스 먼로의 먼로 선언은 라틴아메리카의 독립에 영향을 끼치게 되지.

한편 '페루의 보호자'라 불리던 독립 운동 지도자 호세 산 마르틴의 영향을 받아 아르헨티나, 칠레, 페루도 독립했지.

라틴아메리카 대부분의 나라가 독립했지만 독립 과정에서 농촌은 황폐화되었어. 또한 다양한 인종과 민족 갈등이 겹쳐 정치도 안정되지 않았지. 독재 정권이 수립되고 정변이 자주 일어나기도 했어. 국민들의 삶은 어려워질 수밖에 없었지. 그리고 미국이 점차 라틴아메리카에서 세력을 확장하기 시작하지. 미국과 가까운 쿠바와 멕시코를 시작으로 라틴아메리카 국가들은 정치적·경제적으로 미국의 영향 아래 놓이게 되었어.

근대화를 위한 러시아의 노력

유럽의 여러 나라가 혁명을 통해 거듭나고 있을 때 러시아는 제자리걸음을 하고 있었어. 여전히 황제가 모든 권력을 가지고 있는 데다 산업도 발전하지 못한 상태였거든.

그렇지만 이런 러시아에도 유럽 여러 나라의 소식이 들려왔어. 특히 프랑스와 전쟁을 치르는 동안 러시아의 젊은 군인들 사이에 프랑스 혁명의 자유와 평등 정신이 알려지면서, 러시아 내부에서도 사회를 개혁해야 한다는 목소리가 점점 높아졌어. 그들은 하루빨리 차르를 중심으로 한 기존의 체제를 무너뜨리고 공화정을 세워야 한다고 주장했지.

> 차르란 러시아 황제를 일컫는 말이야.

그러던 중 1853년 크림 전쟁이 일어났어. 크림 전쟁은 날씨가 워낙 추운 탓에 겨울이면 모든 항구가 얼어붙어 무역을 할 수 없던 러시아가 사계절 내내 따뜻한 항구를 차지하기 위해 오스만 제국을 공격하면서 벌어진 전쟁이야. 러시아의 세력이 커지는 것을 원치 않았던 영국, 프랑스 등은 힘을 합쳐 오스만 제국을 도왔어. 그 때문에 러시아는 전쟁에서 지고 말았지. 산업이 발달한 영국, 프랑스 등은 근대화된 무기를 가지고 있었던 반면, 러시아는 그렇지 못했거든.

크림 전쟁이 끝날 무렵 차르가 된 알렉산드르 2세는 유럽의 다른 나라처럼 러시아를 개혁하여 발전시켜야겠다고 마음먹었어. 그러려면 농노제를 없애는 것이 중요하다고 생각했지.

당시 서유럽에는 중세 봉건제의 상징인 농노제가 거의 사라지고 없었지만 러시아에는 그대로 남아 있었거든. 러시아의 국민들 대부분은 여전히 귀족 지주들의 농노로 묶여 있었어. 농노들은 귀족 지주들의 토지를 빌려 농사를 지으며 살아갔어. 그들은 땅을 빌린 대가로 지주에게 화폐나 물품으로 세금을 냈고, 지주들은 농민을 노예처럼 부렸지.

이에 1861년, 알렉산드르 2세는 '농노 해방령'을 선포했어. 농노들에게 자유를 주어 귀족 계급의 특권을 줄이고 노동자를 늘리면서 왕권을 강화하려는 계획이었지.

농노 해방령으로 무려 2200만 명이나 되는 농민이 귀족인 지주에게서 벗어나 자유로운 몸이 되고, 농사지을 땅과 권리도 갖게 되었어.

하지만 농민들이 농지를 얻으려면 정부에 돈을 빌려 지주에게서 사야 했어. 빌린 돈이 컸기 때문에 그것을 갚으려면 오랜 시간이 들었지. 결국 그마저 농민들에겐 큰 부담이었기 때문에 농노 해방령은 큰 성과를 거두지 못했어.

한편 러시아의 지식인들은 농촌으로 들어가 농민들의 생각을 깨우치려는 브나로드 운동을 전개했어. 브나로드란 '민중 속으로'라는 뜻이야. 국민의 대부분인 농민들의 생각이 바뀌면 러시아가 더 나은 사회가 될 수 있다고 생각해 펼친 운동이었지.

▲ 알렉산드르 2세

그러나 농민들이 별로 반응하지 않은 데다 점점 정부마저 이를 탄압하면서 브나로드 운동은 실패로 끝났어. 더구나 알렉산드르 2세의 뒤를 이어 차르가 된 알렉산드르 3세가 다시 귀족들의 권리를 인정하기 시작했고, 거기다 차르 중심의 봉건적인 정치를 강화하기까지 했단다.

브나로드 운동은 러시아의 젊은 귀족들과 학생들이 사회 개혁을 이루고자 일으킨 농민 계몽 운동이야.

◀ 농노 해방령을 기념해 발행한 화폐

📖 세계사가 한눈에 쏙!

01 미국은 프랑스로부터 루이지애나를 사들인 것을 시작으로 다른 나라로부터 땅을 사거나 개척하여 영토를 크게 확장했다.

02 영토 확장 과정에서 아메리카 대륙의 원주민들은 삶의 터전을 빼앗기고 죽임을 당하는 등 큰 고통을 당했다. 미국은 원주민 강제 이주법을 시행하여 원주민을 '원주민 보호 구역'으로 쫓아냈다.

03 거대한 영토를 거느리며 성장하기 시작한 미국은 노예제를 놓고 남부와 북부로 나뉘어 대립했다. 북부에서는 노예제가 국가의 발전에 방해가 되고 도의적으로도 맞지 않다고 생각했으나, 농업과 작물 재배에 노동력이 많이 필요했던 남부에서는 노예제가 유지되어야 한다고 주장했다.

04 의견 대립이 계속되자 미국 남부와 북부는 격렬한 전쟁을 벌였다. 이 전쟁을 '남북 전쟁'이라 부른다. 당시 미국의 대통령이었던 링컨은 남북 전쟁이 한창이던 1863년에 노예 해방을 선언했고, 결국 남북 전쟁은 북부의 승리로 막을 내렸다.

05 1804년 아이티를 시작으로 라틴아메리카의 국가들이 잇달아 독립했다. 혁명 지도자 시몬 볼리바르는 볼리비아를 비롯해 베네수엘라, 콜롬비아, 에콰도르, 페루를 에스파냐로부터 독립시켰다. 브라질과 멕시코도 각각 포르투갈과 에스파냐로부터 독립을 이루었다.

06 1823년 미국의 대통령 제임스 먼로는 유럽 나라들의 미국 간섭을 막고 유럽이 아메리카 대륙에 새로운 식민지를 건설하지 못하게 하는 '먼로 선언'을 했다. 이 선언은 라틴아메리카의 여러 나라가 독립하는 데 큰 영향을 미쳤다.

07 러시아는 크림 전쟁에서 패배한 뒤 농노 해방령을 발표하는 등 근대화를 위한 개혁을 시도했다. 지식인들은 농민들의 의식을 일깨우기 위해 브나로드 운동을 벌였다.

6장
제국주의 등장과 약소국의 시련

| 약소국을 노린 제국주의
| 유럽의 식민지가 된 아시아와 아프리카
| 아편 전쟁
| 태평천국 운동
| 양무운동
| 조선과 중국을 침략한 일본
| 변법자강 운동
| 의화단 운동
| 신해혁명

19세기 후반, 산업 혁명이 본격적으로 진행되면서 자본주의가 크게 성장하기 시작했어. 기업은 쌓여 가는 상품을 팔 곳이 필요했고, 돈을 가진 은행은 남는 돈을 투자할 곳을 찾아야 했지. 이들이 찾아 낸 해결책은 바로 식민지였어. 식민지에서 싼값에 원료를 구입하고, 식민지 사람들에게 적은 임금을 주고 일을 시켰어. 또한 식민지는 만든 물건을 팔고 남는 돈을 투자할 새로운 시장이기도 했지.

이처럼 우월한 군사력이나 경제력을 가진 나라들이 그 힘을 이용해 다른 민족과 나라를 지배하려는 것을 '제국주의'라고 해. 제국주의에 사로잡힌 유럽 여러 나라와 미국은 아프리카와 아시아, 태평양의 여러 섬 등을 식민지로 삼았어.

물론 식민지 사람들이라고 가만히 당하고 있지만은 않았어. 제국주의 국가의 식민지가 되지 않으려고 강하게 저항하고 맞서 싸웠지. 하지만 힘이 약한 나라들이 제국주의 국가를 당해 내기에는 부족했어.

제국주의 국가들은 식민지를 하나라도 더 차지하려고 눈에 불을 켜고 서로 경쟁했어. 그러한 경쟁은 세계를 피비린내 나는 전쟁터로 만든 제1차 세계 대전의 원인이 되었지.

제국주의는 어떻게 등장했고 약소국들은 어떤 시련을 겪었는지 좀 더 자세히 알아보자.

◀ 청을 두고 서구 열강과 일본이 경쟁하는 모습을 그린 그림

약소국을 노린 제국주의

"우리나라에서 만든 상품을 내다 팔고, 상품을 만드는 데 필요한 원료를 보다 값싸게 가져올 수 있는 곳이 없을까?"

19세기 말 유럽의 여러 나라와 미국은 이런 생각을 하고 있었어. 산업 혁명과 독립 전쟁 등을 거치면서 나라의 산업과 경제가 빠른 속도로 발전하자 국내에서의 상품 구매에 한계가 온 거야. 그러자 외부로 눈을 돌려야 한다고 생각한 것이지.

이들은 자기 나라에서 만든 상품을 내다 팔 시장을 확보하고, 남아도는 돈을 투자해 더 많은 돈을 벌고 싶었지. 또 상품을 만들 때 필요한 원료를 값싸게 얻을 수 있는 방법과 헐값에 부릴 수 있는 노동력을 찾기 시작했어. 그래서 유럽 여러 나라와 미국은 아프리카, 아시아, 태평양의 여러 섬들로 쳐들어가 그곳을 식민지로 삼고 경제적으로 침탈하며 정치적 간섭을 하기 시작했지.

이처럼 우월한 군사력이나 경제력을 가진 나라가 그 힘을 이용해 다른 민족과 나라를 강제로 지배하려는 것을 '제국주의'라고 해. 제국주의 국가들은 힘이 약한 다른 민족이나 나라보다 그들 자신이 훨씬 우월하다는 그릇된 생각을 갖고 있었어.

아래의 글을 한번 읽어 볼까?

제국주의 국가들은 경제적 침탈을 위해 식민지에 도로와 철도를 건설했어. 식민지 사람들을 위해서가 아닌, 자신들의 이익을 위해서였지.

영국은 땅이 좁아 3600만 명이나 되는 인구가 모두 살아가기에는 영토가 부족하다. 그런 데다 우리 영국이 만든 상품을 내다 팔 수 있는 시장도 필요하므로 우리는 땅을 조금이라도 더 차지해야만 한다.
나는 영국인이 세계 제1의 인종이며, 영국이 다스리는 세계가 넓으면 넓을수록 많은 나라가 행복해지고, 모든 전쟁을 끝내게 할 수 있다고 믿는다.

▲ 영국의 자본가 세실 로즈가 아프리카 대륙을 밟고 있는 모습을 표현한 그림

세계적인 다이아몬드 회사인 드비어스를 세운 세실 로즈라는 영국인이 한 말이란다. 그의 말 속에는 제국주의 국가의 잘못된 생각이 그대로 담겨 있어. 그는 영국의 식민지였던 남아프리카의 다이아몬드 광산을 독점한 뒤 그곳을 통치하는 식민지 총독까지 지냈어. 세실 로즈는 남아프리카의 케이프타운에서 이집트의 카이로까지 철도를 놓아 아프리카 지도를 영국을 상징하는 붉은 색으로 칠하자고까지 주장했단다.

제국주의의 뱃길이 된 수에즈 운하와 파나마 운하

1869년, 이집트에는 지중해와 홍해를 연결하는 수에즈 운하가 만들어졌어. 이어서 1914년에는 북아메리카와 남아메리카 사이에 있는 파나마 공화국에 파나마 운하가 건설되었지.

수에즈 운하는 유럽과 아시아를 오가는 거리를 2분의 1 정도로 짧게 줄여 주었어. 또 파나마 운하는 태평양에서 대서양으로 곧장 이동할 수 있는 통로가 되어 주었지.

하지만 수에즈 운하와 파나마 운하가 좋은 기능만 했던 것은 아니야. 유럽의 제국주의 국가들은 수에즈 운하가 있어 아시아를 더욱 손쉽게 식민지로 삼을 수 있었어. 수에즈 운하는 개통된 뒤 영국의 지배 아래에 있다가 1905년에 이집트의 소유가 되었어. 파나마 운하 역시 개통된 뒤 1999년까지 미국이 관할했어. 미국은 파나마 운하를 통해 태평양과 대서양을 자유롭게 드나들며 식민지를 늘려 갔단다.

결국 수에즈 운하와 파나마 운하는 식민지를 침탈하는 제국주의의 뱃길이 됐던 셈이야.

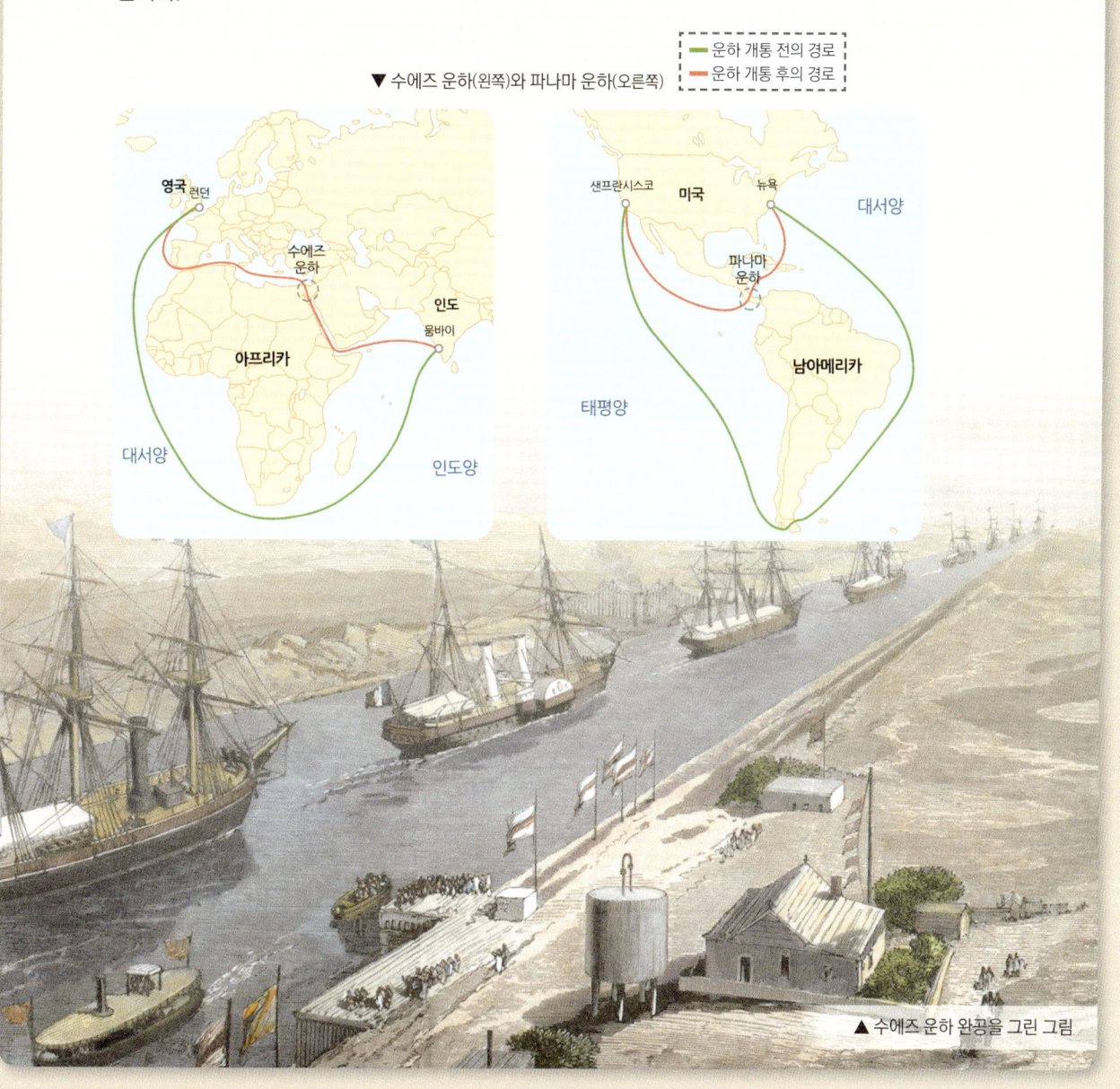

▼ 수에즈 운하(왼쪽)와 파나마 운하(오른쪽)

― 운하 개통 전의 경로
― 운하 개통 후의 경로

▲ 수에즈 운하 완공을 그린 그림

유럽의 식민지가 된 아시아와 아프리카

제국주의 국가들의 침략과 식민지 만들기 경쟁으로 아시아와 아프리카의 여러 나라와 태평양에 있는 여러 섬들은 큰 시련과 고통을 겪어야 했어.

가장 먼저 식민지 경쟁에 뛰어든 제국주의 국가는 영국이었어. 영국은 산업 혁명이 처음으로 시작된 나라였기 때문에 다른 나라보다 먼저 남는 상품을 팔 시장이 필요했지.

영국은 산업 혁명을 통해 얻은 엄청난 경제력과 이전부터 준비된 강한 군사력을 기반으로 세계 여러 곳을 식민지로 만들었어. 영국은 1600년에 인도에 동인도 회사를 세워 경제적 이득을 얻다가 1877년에는 빅토리아 여왕이 인도의 황제로 즉위해 정치적인 지배까지 시작해. 영국은 인도의 뒤를 이어 네팔, 싱가포르, 미얀마, 말레이반도 등 아시아의 여러 나라를 차례로 식민지로 삼았지. 당시 영국은 '해가 지지 않는 나라'로 불렸어. 식민지가 얼마나 많은지 한 곳에서 해가 지면 다른 곳에서 해가 떴기 때문에 그렇게 불린 거야.

영국의 뒤를 이어 프랑스도 식민지 쟁탈전에 나섰어. 프랑스는 베트남, 캄보디아, 라오스 등을 식민지로 만들었단다. 또 중앙아시아 지역은 러시아의 남하 정책과 함께 이를 저지하기 위한 영국과의 대립 속에서 영토 분할이 이루어졌어. 네덜란드는 인도네시아를 식민지로 삼았지. 이렇게 아시아의 여러 나라가 제국주의 국가의 식민지가 되었어.

다양한 자원이 풍부한 태평양의 여러 섬 역시 제국주의 국가들의

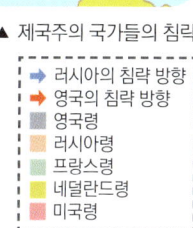

▲ 제국주의 국가들의 침략

좋은 먹잇감이 되었어. 영국은 오스트레일리아와 뉴질랜드를, 독일은 뉴기니 일부와 그 부근의 여러 섬을, 미국은 필리핀, 하와이, 괌 등을 차지했지.

아프리카 대륙은 더욱 참담했어. 대륙이 거의 통째로 유럽 여러 나라의 식민지가 되었기 때문이야. 그것은 19세기 말 리빙스턴, 스탠리와 같은 탐험가들이 아프리카를 조사한 결과였어. 탐험가들의 보고로 이전까지 서양에 잘 알려져 있지 않던 아프리카 땅이 알려지게 되었지. 특히 아프리카에 금과 다이아몬드 등과 같은 자원이 풍부하다는 사실이 알려지자 제국주의 국가들이 한꺼번에 아프리카에

달려들기 시작했단다. 아프리카 대륙은 유럽과 거리도 가깝기 때문에 유럽의 여러 나라가 더욱 탐을 냈지. 1882년 영국이 이집트를 점령하면서 본격적인 아프리카 대륙에 대한 침략이 시작되었어.

영국에 이어 프랑스, 독일, 이탈리아, 에스파냐, 포르투갈 등의 제국주의 국가들이 아프리카를 침략했어. 그러자 이 나라들 사이에 갈등이 생겼지. 그래서 그들은 1884년에 회의를 열어서 이 문제를 해결했어. 한 나라가 아프리카의 한 지역을 점령해 식민지로 삼으면 다른 나라는 그 지역을 넘보지 않기로 정한 거야. 그러나 이 결정은 그 땅에서 수천 년 동안 살아온 아프리카 사람들을 철저하게 무시한 결정이었지.

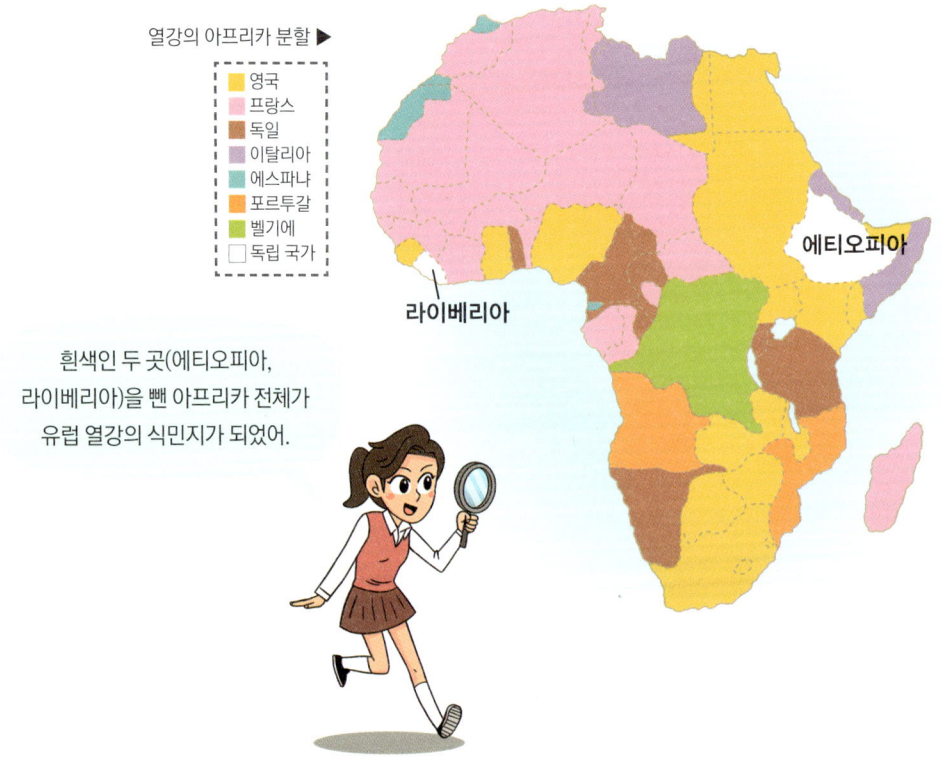

열강의 아프리카 분할 ▶
영국 / 프랑스 / 독일 / 이탈리아 / 에스파냐 / 포르투갈 / 벨기에 / 독립 국가

흰색인 두 곳(에티오피아, 라이베리아)을 뺀 아프리카 전체가 유럽 열강의 식민지가 되었어.

제국주의 국가들은 땅따먹기 하듯 아프리카 대륙을 나눠 가졌어. 결국 에티오피아와 라이베리아를 뺀 아프리카의 모든 지역이 유럽 열강의 식민지가 되고 말았단다.

제국주의 국가들은 다른 나라를 식민지로 만들면서 어처구니없는 주장을 늘어놓았어. 문명이 앞서고 우월한 나라가 문명이 뒤떨어진 미개한 나라를 지배하는 것은 당연한 일이며, 그들을 식민지로 삼은 이유도 문명을 전해 주기 위해서라는 거야. 심지어 유럽 사람들이 식민지를 지배하는 것이 식민지 사람들에게는 축복이라고 주장했지. 자국의 이익을 위해 다른 나라를 침략하고 착취하면서도 이런 주장을 펼치며 식민지 지배를 합리화하려고 한 거야.

역사속 재미 쏙

파쇼다 사건

영국과 프랑스는 서로 아프리카를 차지하려다가 충돌했어. 이 사건이 그 유명한 '파쇼다 사건'이야.

1898년, 영국 군대와 프랑스 군대가 아프리카에서 서로 식민지를 늘려 가던 중에 수단 남부에 있는 파쇼다 지역에서 부딪쳤어. 파쇼다를 먼저 차지한 나라는 프랑스였어. 그때 프랑스는 아프리카 서쪽에 있는 알제리부터 동쪽의 마다가스카르섬을 동서로 잇는 횡단 정책을 펼치고 있었지. 한편 영국은 아프리카 남쪽에 있는 케이프타운에서 북쪽의 이집트를 남북으로 잇는 종단 정책을 추진하고 있었어. 자칫 전쟁이 일어날 뻔했지만 프랑스가 한발 물러서면서 두 나라는 파쇼다 인근 지역을 나눠 가지는 것으로 합의했어. 나일강과 콩고강 유역을 경계선으로 삼아 동쪽은 영국이, 서쪽은 프랑스가 차지하기로 협상한 거야.

하지만 이런 협상 역시 제국주의 국가들끼리 멋대로 내린 결정이었어.

아편 전쟁

한편 중국의 차와 도자기를 수입하느라 무역 적자에 빠진 영국은 일을 해결하기 위해 고민했어. 그리고 해결 방안을 찾았지. 바로 중국에 아편을 판매하기 시작한 거야.

마약의 일종인 아편은 중독성이 강해 한번 피우기 시작하면 쉽게 끊을 수 없는 무서운 것이었어. 청 사람들은 아편에 중독되어 가기 시작했지. 아편 중독자가 크게 늘어날 때까지 영국은 계속해서 아편을 몰래 청으로 들여왔어. 청에서는 아편 무역을 금지했지만 뇌물을 받은 중국 관리들이 묵인하면서 밀(密)무역은 계속되었어. 청으로서는 백성들이 아편에 중독되는 것도 걱정이었지만 무엇보다도 청의 수입량이 수출량보다 많아져서 재정 악화가 심각해진 것도 문제였어.

청 황제는 수차례 아편 무역 금지령을 내렸지만 지켜지지 않았어. 이미 중독된 사람은 아편을 끊을 수가 없었기 때문이야. 아편값은 계속 치솟고 아편의 수입량은 점점 늘어났지. 영국의 무역 적자가 순식간에 메워지는 건 물론이었고, 오히려 청에서 대량의 은이 빠져나가기 시작했어.

청 정부에서는 강경하게 대응하기로 했어. 임칙서라는 정치인을 광저우로 파견하여 아편을 몰수하고 영국 상인의 무역을 금지했지. 영국은 이를 기회로

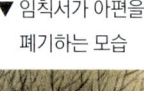

묵인은 모르는 체하고 하려는 대로 내버려 둠으로써 인정한다는 뜻이야.

▼ 임칙서가 아편을 폐기하는 모습

1840년, 아편 전쟁을 일으켰어. 청은 이 전쟁에서 패배해 영국과 불평등 조약인 난징 조약을 체결하게 돼. 1842년의 일이었지. 그 결과 청은 많은 배상금을 지불하고 홍콩을 영국에 넘겼으며, 상하이를 포함한 남부의 다섯 개 항구를 개방했어. 이듬해에는 추가 조약이 맺어져 영국에 영사 재판권과 최혜국 대우를 인정하였으며 이후 미국과 프랑스 등과도 비슷한 조약을 맺게 되었어.

그런데 난징 조약으로 불만이 생긴 건 오히려 영국이었어. 다섯 개의 항구를 더 개항시켰지만 교역량은 늘지 않고 항구 내에서만 제한된 무역 활동을 할 수 있을 뿐 내륙으로는 들어갈 수 없었거든. 이에 영국은 1856년 애로호 사건과 선교사 피살 사건을 구실로 프랑스와 연합하여 제2차 아편 전쟁을 일으켜. 애로호 사건은 청의 관리가 광저우에서 애로호라는 배에 올라 중국인 해적 용의자를 체포한 사건이야. 영국은 청 관리가 애로호에 게양된 영국 국기를 모독했다고 주장하면서 전쟁을 일으켰지.

제2차 아편 전쟁으로 텐진과 베이징을 점령당한 청은 러시아와 미국에게 중재해 줄 것을 요청했어. 그 결과 청은 1858년, 열 개 항구의 추가 개항, 크리스트교 선교의 자유 등을 내용으로 하는 텐진 조약을 체결하게 되었어.

▼ 애로호 사건을 그린 그림이야. 애로호는 홍콩과 광저우를 오가며 밀수를 일삼던 해적선이었어.

그러나 청에서 조약을 깨자고 요구하자, 영국과 프랑스 연합군은 다시 베이징을 점령하여 1860년에 청을 굴복시키고 베이징 조약을 체결했어. 결국 청은 기존의 톈진 조약을 인정하고, 영국에 주룽반도의 일부를 넘겨주게 되었지. 이때 베이징 조약을 중재한 러시아는 청으로부터 연해주를 얻었어.

아편 전쟁과 청이 체결한 조약들

난징 조약
- 영국 국민은 광저우, 샤먼, 푸저우, 닝보, 상하이 등 다섯 개 항구에 거주할 수 있으며 방해를 받지 않고 무역에 종사할 수 있다.
- 영국 여왕에게 홍콩을 넘겨주어 영국 여왕이 정하는 법률로써 통치할 수 있다.
- 앞으로는 공행하고만 거래하는 관행을 폐지한다.

톈진 조약
- 즈푸, 난징, 한커우, 타이난 등 열 개 항구를 개방한다.
- 외국 공사의 베이징 주재 및 크리스트교 포교를 승인한다.

베이징 조약
- 톈진을 추가로 개항하고 주룽반도를 영국에 넘겨준다.

▼ 난징 조약

태평천국 운동

아편 전쟁에서 패배하면서 청의 위신은 크게 손상되었지. 막대한 전쟁 비용과 배상금을 내기 위해 청 정부가 세금을 늘려 생활이 어려워지기도 했어. 이에 농민들은 각지에서 반란을 일으켰는데, 그중 가장 큰 규모의 사건이 태평천국 운동이야.

홍수전은 크리스트교의 영향을 받아 상제회라는 비밀 결사 단체를 조직한 뒤, 농민들과 유민들을 규합하여 1851년 태평천국을 세웠어. 태평천국은 만주족을 타도하고 한족 국가를 세울 것을 목표로 하며, 남녀평등 사상과 토지의 균등 분배를 주장하여 여성과 농민들의 열렬한 지지와 호응을 얻었지. 이후 태평천국군은 난징을 점령하고 한때 베이징을 위협할 정도로 크게 세력을 떨쳤단다.

▲ 홍수전

하지만 증국번, 이홍장 등 한인 신사층이 조직한 단련과 향용, 그리고 외국인이 조직한 군대가 청군과 함께 태평천국군을 공격하였고, 홍수전이 죽고 난 뒤 지도층 내부의 분열이 더해져 결국 1864년에 막을 내리고 말았어.

▲ 태평천국의 옥새

양무운동

태평천국 운동을 진압하는 데 큰 공을 세운 증국번, 이홍장 등 한인 관료들은 아편 전쟁과 태평천국 운동을 겪으면서 서양 기술이 얼

> 단련은 중국의 옛 민병 조직을 이르는 말이야.
>
> 향용은 청 때의 지방의 용군을 말해.

마나 압도적인지 뼈저리게 깨달았지. 그래서 중국의 전통 질서 위에 서양의 근대적 기술을 도입하여 부국강병을 이루자는 양무운동을 추진해. 이들은 군사력 증진을 위해 군수 공장을 건설하고 근대적인 육군과 해군을 창설하였으며, 근대 산업을 일으키기 위해 직포 공장, 기선 회사를 설립하고 광산 개발을 추진했어. 또한 근대 교육을 위하여 신식 학교를 설립하고 유학생을 외국에 파견했지.

하지만 유학생들은 근대 문물을 배우러 가면서도 중체서용의 정신에 맞게 유교 경전인 사서와 삼경을 잊지 않았어. 그들은 귀국 뒤 전통적인 과거 시험을 봐야 했기 때문이야. 양무운동은 의식이나 제도 개혁 없이 서양의 기술만을 도입하려 하였고, 지방에서 따로따로 진행된 탓에 체계적인 성과를 거두기 어려웠어. 이러한 한계점은 곧 청일 전쟁에서 패하면서 뚜렷하게 드러나게 돼.

조선과 중국을 침략한 일본

유럽 여러 나라와 미국이 제국주의로 무장해 식민지를 약탈하고 있을 때, 일본도 슬그머니 그 대열에 끼어들었어. 그렇게 되기까지의 과정은 이렇단다.

▲ 이홍장

직포란 기계나 베틀 등으로 천을 짜는 일을 말해.

중체서용은 중국의 유교 문화를 바탕으로 하되, 서양의 과학과 기술을 도입하여 부국강병을 꾀하는 것을 말해.

◀ 메이지 천황의
도쿄 행차 모습

　오랫동안 외국에 문을 걸어 닫았던 일본은 1854년에 미국의 압력으로 미일 화친 조약을 맺고 개항을 했어. 그것을 시작으로 영국, 프랑스, 네덜란드 등과도 조약을 체결하고 교류를 시작하게 되었지.

　이러한 상황을 지켜보던 무사 계급은 막부의 개항 정책에 불만을 품었어. 외국과 불평등한 조약을 체결하면서 일본 사람들은 생활이 어려워지게 되었기 때문이야. 결국 무사 계급은 일본을 오랫동안 지배해 온 막부 정권을 무너뜨렸어. 그러고는 메이지 천황을 앞세워 새로운 정부를 세웠지.

　메이지 정부는 1868년에 수도를 교토에서 도쿄로 옮기고 대대적인 개혁 정책을 펼쳤어. 서양의 문물을 받아들이고 낡은 제도를 없애 국력을 키우고자 했지. 그래서 신분제를 폐지하고 세금 정책을

▲ 메이지 유신 당시 일본이 서구의 제도를 조사하기 위해 파견한 이와쿠라 사절단의 모습

바꾸는가 하면, 근대적 시설과 제도를 도입했어. 또한 세계 여러 나라에 사절단과 유학생을 보내 서양의 앞선 문물과 새로운 기술을 배워 오도록 했지. 이것을 '메이지 유신'이라고 해.

메이지 유신을 통해 일본은 많은 공장을 세우고 철도와 전기 시설을 갖추었어. 그리고 국립 은행을 설치하는 등 근대화를 서둘렀지. 그 덕분에 일본의 산업과 경제가 빠르게 발전할 수 있었어. 그러자 일본은 상품을 내다 팔 시장을 찾아서 다른 나라에 침략의 손길을 뻗기 시작했어. 물론 상품을 만들 때 필요한 원료와 노동력을 구하고도 싶었지. 일본은 서구의 제국주의를 그대로 모

1889년 일본은 천황 중심의 ▶ 헌법을 반포하고 입헌 군주제 국가의 모습을 갖췄어.

방해 식민지를 지배하려고 했어.

그 결과 일본은 1894년에 조선을 차지하기 위해 청과 전쟁을 벌였고, 이 전쟁에서 이겼어. 1904년에는 러시아와도 맞붙어 승리했지. 이 두 전쟁의 기세를 몰아 일본은 1910년 조선의 국권을 빼앗아 식민지로 삼았어. 나아가 청 일부도 손에 넣었단다.

1910년에 일본이 강제적으로 조선의 통치권을 빼앗고 식민지로 삼은 일을 '국권 피탈'이라고 한단다.

역사 속 재미 쏙

박람회에 동물처럼 전시된 식민지 사람들

프랑스 파리에는 파리를 대표하는 볼거리인 에펠 탑이 있어. 이 탑을 만든 건축가 구스타프 에펠의 이름을 따서 에펠 탑이라고 이름 붙였지.

에펠 탑은 프랑스 혁명 100주년을 기념하기 위해 열렸던 파리 만국 박람회장에 세워졌던 기념탑이야. 이 박람회는 프랑스 혁명이 일어난 뒤 100년 동안 눈부시게 발전한 프랑스의 산업과 기술, 그리고 국력을 세계에 자랑하기 위한 것이었지.

그런데 한 전시관 앞에서 박람회를 안내하는 직원이 관람객들에게 이렇게 소리쳤어.

"여기 아주 훌륭한 볼거리가 있습니다. 다들 어서 와 보세요."

관람객들은 신기한 구경거리가 있나 보다 생각하면서 우르르 몰려갔지.

그곳은 제국주의 국가들이 식민지에서 만들어 낸 상품이나 여러 특산물을 전시한 식민지관이었어. 그런데 그곳에는 아프리카 원주민들이 울타리에 갇혀져 전시되고 있었어. 마치 동물원에서 동물을 가둬 두고 전시하는 것처럼 말이야.

▲ 식민지 전시관에 전시된 식민지 원주민들의 모습

관람객들은 아프리카 원주민들을 신기한 동물 보듯이 이리저리 구경하고 관찰했어. 야만인이라며 비웃고 조롱하기까지 했지. 물론 사람을 동물처럼 가둬 놓고 전시한다며 불쾌감을 표시한 관람객도 있었지만, 그런 경우는 아주 드물었다고 해.

그런데 이런 일이 파리 만국 박람회에서만 있었던 게 아니란다. 1903년 일본 오사카에서 산업 박람회가 열렸는데 일본이 '인류관'이라는 전시관에 조선 사람과 타이완의 고산족, 중국인, 인도인, 자바인 등을 전시했어. 제국주의 국가들이 식민지 사람들을 어떻게 대했는지 짐작할 수 있겠지?

제국주의 국가들이 식민지 사람들을 전시하는 일은 유행처럼 번져 1940년대까지도 이어졌어. 제국주의 국가들은 식민지 전시를 통해 식민지인들은 미개하며 문명이 발달하지 않았기 때문에 자신들이 지배하는 것이 당연하다는 논리를 펼쳤지.

▼ 시카고 박람회의 전경

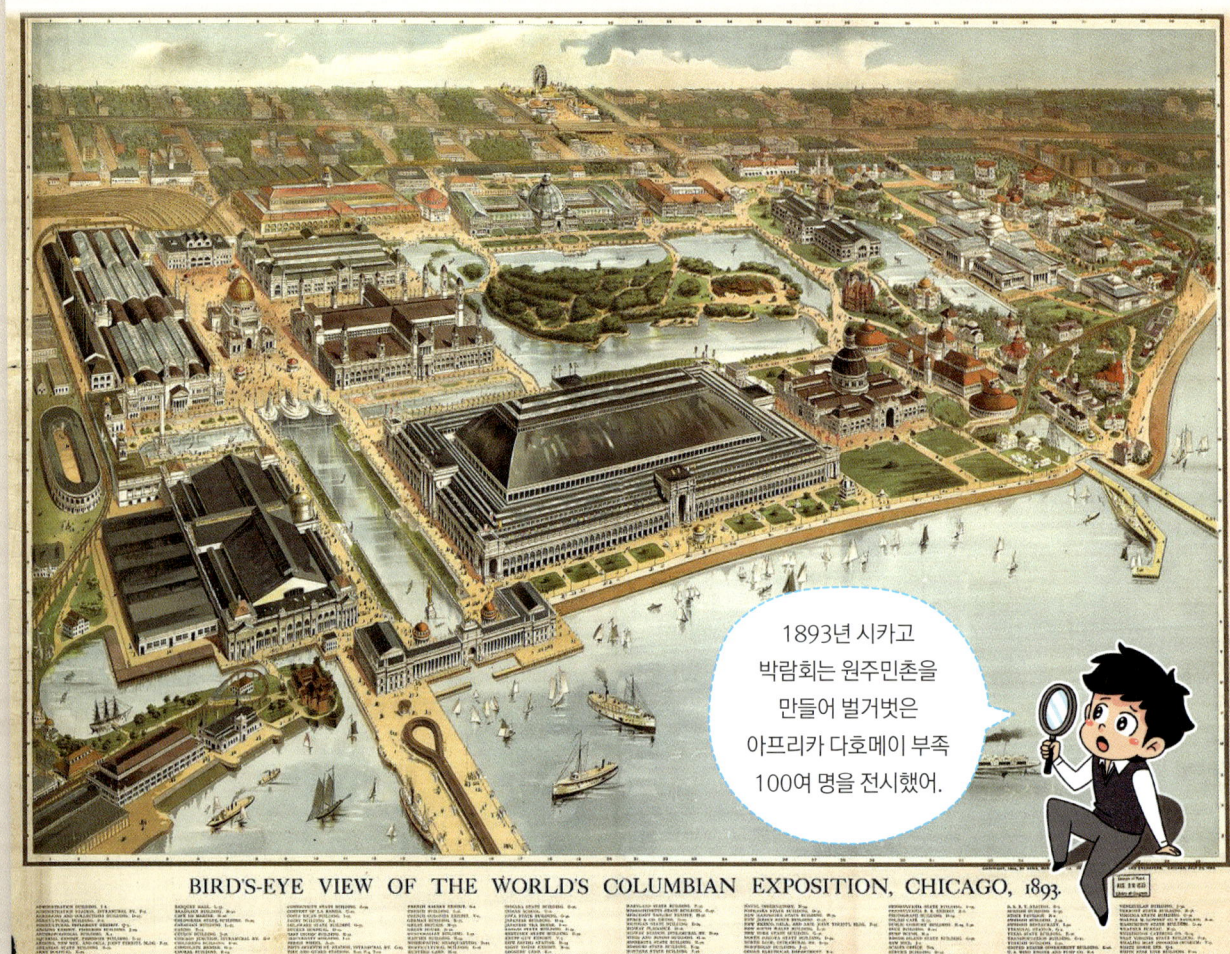

1893년 시카고 박람회는 원주민촌을 만들어 벌거벗은 아프리카 다호메이 부족 100여 명을 전시했어.

변법자강 운동

청일 전쟁에서 청이 질 거라고는 아무도 예상하지 못했어. 그때까지 일본은 아무도 주목하지 않는 아시아의 작은 섬나라일 뿐이었거든. 그러나 청은 일본에 패배했고, 막대한 배상금과 함께 랴오둥반도와 타이완을 일본에 넘겨야만 했어. 그러자 만주 지역을 넘보고 있던 러시아가 가만히 있지 않았지. 러시아는 프랑스와 독일을 끌어들여 랴오둥반도 지역을 다시 청에 반환하도록 일본을 압박했어. 이것을 '삼국 간섭'이라고 해. 러시아가 군함을 파견하는 등 간섭을 일삼자 일본은 랴오둥반도 지역을 다시 청에 넘겨주지 않을 수 없었어.

양무운동의 실패로 단순한 서양 기술의 도입만으로는 개혁을 달성할 수 없다는 걸 깨달은 청은 보다 근본적인 정치 제도의 개혁이 필요하다고 생각했어. 이때 캉유웨이가 개혁의 시급함을 역설하며 메이지 유신으로 근대화에 성공한 일본을 모방하자고 했어. 단순히 서양 기술을 도입하는 것이 아니라 정치 제도를 바꿔야 한다는 주장이었지. 이를 기술이 아니라 법(제도)을 바꾼다고 해서 '변법(變法)자강 운동'이라고 해. 변법자강 운동 추진 세력은 입헌군주제 확립을 추구하였고, 과거제를 개혁하여 실용적인 학문을 시험 과목에 포함시켜 인재를 등용했어. 그리고 군대를 개편하여 신식 훈련을 시키고, 농업과 공업을 진흥하며 대학을 설립하고자 했지.

그러나 개혁 주도 세력의 힘이 약한 데다가 개혁으로 기득권을 잃을 것을 우려한 서태후 등 보수 세력의 반발로 변법자강 운동은 100여일 만에 실패로 끝나고 말아. 게다가 서태후는 위안스카이와 모의하여 당시 황제인 광서제를 가두고 변법을 추진한 세력을 제거하는 무술정변을 일으키기도 했어.

의화단 운동

청일 전쟁 패배로 청이 종이호랑이임이 만천하에 드러나자 서양 열강은 앞다투어 청의 영토와 이권을 강탈해 갔어. 외세에 의해 영토를 빼앗기고, 그들의 경제적 침탈이 심해지자, 민중들은 서양인들과 그들이 전하는 크리스트교에 대한 반감이 더욱 커졌지. 그 결과 농민들을 중심으로 한 반(反)크리스트교 운동이 터져 나왔어. 그중 가장 대표적인 움직임이 의화단 운동이야.

의화단은 무예 수련과 종교 활동을 겸한 단체였는데, 이들은 하나의 조직 체계를 가진 게 아니라 각 지방에서 독자적으로 활동하고 있었어. 1899년 이들은 부청멸양, 즉 청 왕조를 도와 서양 세력을 몰아내자는 깃발을 내걸고 반외세 투쟁을 외쳤어. 이들은 산둥 지방에서 세력을 길러 톈진과 베이징에 진입하여 외국 선교사와 크리스트교 신자들을 살해하고, 교회와 철도도 파괴했지. 당시 집권 세력이었던 서태후와 보수 정권은 이들의 구호에 솔깃하여 외세를 배격하고자 했어.

하지만 의화단의 활동이 베이징의 외국 공사관과 교회에까지 미치게 되자 영국, 러시아, 독일, 프랑스,

▼ 의화단의 모습

미국, 이탈리아, 오스트리아, 일본 8개국은 연합군을 형성하고 톈진과 베이징으로 입성하여 관군과 의화단을 격파했단다.

서태후와 청 조정은 다시 서양 열강 앞에 무릎을 꿇을 수밖에 없었어. 청 조정은 막대한 배상금과 함께 '외세 배척 운동을 철저히 탄압하고 외세를 반대하는 자는 스스로 벌할 것'을 열강들에 약속해. 베이징과 교통의 요지에 서양 공사관과 외국 군대의 주둔도 허락했어. 이것이 청의 마지막 조약인 '베이징 의정서(신축조약)'의 내용이야. 청 왕조 최후의 외세 배척 운동이었던 의화단 운동의 실패로 보수 정권은 큰 타격을 받게 되었고, 중국의 반식민지화는 더욱 심화되었어.

신해혁명

잇단 전쟁의 패배와 개혁의 실패를 경험한 민중들은 새로운 나라를 세우기 위해 노력하고 있었어. 대표적인 사람이 쑨원이야. 쑨원은 민족주의·민권주의·민생주의라는 '삼민주의 사상'을 구체화하여 〈민보〉라는 잡지에 자신의 생각을 널리 알리기 시작했어. 민족이란 청을 타도하고 한족의 나라를 세우자는 것이고, 민권이란 모든 국민이 동등한 정치적 평등권을 갖는 공화국을 세우는 것이야. 그리고 민생이란 모든 토지를 균등하게 배분하여 생활을 안정시키자는 것이었지.

쑨원의 이런 생각은 혁명파들에겐 사상적 기반이 되었으나 만주족인 고위 관료나 대토지를 소유한 지주들

▲ 쑨원

의 격렬한 반대에 부딪혔어. 하지만 그들 역시 속절없이 무너지고 있는 청을 그대로 두고 볼 수는 없었지. 그래서 그들은 영국이나 일본처럼 황제를 중심으로 한 입헌 군주제로 나라를 개혁시키고자 했어.

1911년 청 정부는 입헌 군주제를 받아들여 의회를 만들기도 했단다. 사람들은 새로운 개혁을 기대했지만 곧 실망하고 말았지. 황제가 황족이나 고위 관료를 의회의 의원으로 임명하는 등 기존의 정치와 다를 바 없었기 때문이야. 거기에 청은 부족한 재정을 메우기 위해 민영으로 운영되던 철도를 국유화하고 그것을 담보로 열강에서 거액의 자금을 빌렸어. 실망과 분노로 나라 곳곳에서 반대 운동이 일어났어. 그러자 정부는 군부대에 시위를 진압하라고 명령했어. 그런데 명령을 받은 군부대가 오히려 봉기한 사람들과 함께 관청과 무기고를 점령하기에 이르렀지.

1911년 10월, 후베이성 우창에서 일어난 시위는 창장강 유역 전체로 번져 나갔고 한 달 만에 중국의 대부분 지역이 혁명파에 속하게 되었어. 이것이 바로 청 왕조를 무너뜨린 '신해혁명'이었단다. 봉기는 중국 전역으로 확대되어 주요 성들이 동참하는 전국적인 규모의 혁명으로 발전했어.

이듬해 혁명파 세력은 쑨원을 임시 대총통으로 선출하여 난징을 수도로 정하고 중화민국을 수립했어. 청은 이를 진압하기 위해 무술정변의 주역인 위안스카이를 등용하지만, 오히려 혁명 세력과 손을 잡고 황제를 퇴위시키지. 이렇게 청은 역사 속으로 사라지고 만단다.

아프리카 대륙을 유럽에 알린 리빙스턴

데이비드 리빙스턴은 유럽인 최초로 아프리카 대륙을 가로질러 탐험한 사람이야. 의사이자 선교사로 크리스트교를 전파하러 갔다가 탐험가가 되었지. 리빙스턴은 1841년 남아프리카 공화국의 케이프타운에 도착하면서 아프리카에 첫발을 디뎠어. 이후 아프리카 곳곳을 탐험하며 응가미호, 잠베지강, 빅토리아 폭포 등을 찾아냈단다. 그 과정에서 아프리카 사람들이 유럽과 미국에 노예로 팔려 가는 비참한 광경을 보게 되었지. 리빙스턴은 이후 노예 무역을 반대하면서 흑인들이 노예로 끌려가지 않도록 돕는 일을 했어. 흑인들에게 농사법을 가르치는 한편, 아픈 이들을 치료해 주기도 했지. 그래서 아프리카 사람들은 그를 무척 신뢰했어.

▲ 리빙스턴

그 뒤 리빙스턴은 아내가 세상을 떠나자 1864년에 영국으로 돌아왔어. 그는 자신의 탐험기를 《남아프리카 선교 여행기》라는 책으로 펴냈지. 이 책이 엄청난 인기를 끌자 영국 정부는 그에게 아프리카를 다시 탐험해 달라고 부탁했어.

다시 아프리카로 간 리빙스턴은 곳곳을 탐험하며 영국 정부의 요청에 따라 아프리카 지도를 만들었어. 그러다 그는 병에 걸리고 말았어. 게다가 영국과도 연락이 끊겨 버렸지. 그러던 중 다행히 1871년에 〈뉴욕 헤럴드〉의 기자 헨리 스탠리가 리빙스턴을 찾아온 덕분에 세상에 그의 존재가 다시 알려지게 되었어.

두 사람의 만남은 세계적으로 큰 눈길을 끌고 중요한 뉴스가 되었어. 그때만 해도 유럽 사람들은 아프리카에 대해 아는 게 없었거든. 그런데 리빙스턴과 스탠리를 통해 아프리카의 풍부한 산물과 자원이 알려지게 된 거야. 하지만 아프리카 대륙은 이때부터 제국주의 국가들의 먹잇감이 되고 말았단다.

리빙스턴은 아프리카를 사랑했고 아프리카가 강해지기를 바랐다고 해. 그래서 영국으로 돌아가지 않고 아프리카에서 살다가 죽었지. 그렇지만 리빙스턴의 의도와는 달리 그가 남긴 아프리카 지도는 제국주의 국가들이 아프리카를 침략하는 데 쓰였어. 그의 뜻과는 정반대의 결과가 벌어졌으니 참 안타까운 일이야.

📖 세계사가 한눈에 쏙!

01 산업 혁명과 독립 전쟁을 거치며 성장한 유럽의 여러 나라와 미국은 우월한 군사력과 경제력으로 약소국을 침략해 지배하기 시작했다. 이를 제국주의라고 한다. 제국주의 국가들은 약소국을 자신들에게 필요한 원료와 노동력을 싼값에 공급하고, 본국의 남는 상품을 판매하는 시장 역할을 하는 식민지로 삼았다. 제국주의 국가들의 침략으로 아시아와 아프리카, 태평양의 섬들이 식민지 지배 아래 놓이게 되었다.

02 영국은 인도를 점령하고 이후 네팔, 싱가포르, 미얀마, 말레이반도 등을 식민지로 삼았다. 프랑스도 베트남, 캄보디아, 라오스 등을 식민지로 삼았으며 러시아, 네덜란드, 독일, 미국도 식민지 쟁탈전에 참여했다.

03 1882년 영국을 시작으로 프랑스, 독일, 이탈리아, 에스파냐, 포르투갈 등의 나라가 아프리카 대륙의 각 지역을 식민지로 삼았다. 결국 에티오피아와 라이베리아를 제외한 아프리카 대륙 전체가 유럽 열강의 식민지가 되고 말았다.

04 일본은 메이지 유신으로 대대적인 개혁 정책을 펴 서양의 앞선 문물과 새로운 기술을 받아들였다. 산업과 경제가 발전한 일본은 유럽과 미국을 모방해 식민지 건설에 나섰고 조선을 식민지로 삼고 중국을 침략했다.

05 청일 전쟁에서 패배한 청은 서양 열강들에게 온갖 이권을 빼앗기며 경제적 침탈에 시달렸다. 이에 서양 세력과 크리스트교에 반대하는 의화단 운동이 일어났다. 또한 민주주의 혁명인 신해혁명이 일어나 중화민국이 탄생하면서 청은 역사 속으로 사라졌다.

7장
19~20세기의 과학 기술과 문화 예술

| 자연 과학과 기술의 발달
| 발명의 시대에 쏟아져 나온 발명품들
| 낭만주의와 사실주의

거대한 혁명이 세계를 휩쓸던 19세기부터 20세기에 이르기까지 과학 기술도 눈부시게 발전했단다. 특히 산업 혁명과 과학 기술은 톱니바퀴처럼 맞물리며 서로를 이끌었어. 기술이 발전하면서 산업 혁명이 확산되고 새로운 기술이 계속해서 등장했지.

이 시기 과학의 가장 큰 성과는 생물학자 찰스 다윈이 《종의 기원》이라는 책을 통해 발표한 '진화론'이야. 진화론은 생물이 자연 환경의 영향에 따라 진화한다는 이론이야. 다윈의 진화론은 그동안 사람들이 갖고 있던 생각을 완전히 뒤엎는 것이었어. 진화론의 등장은 과학 분야는 물론 사회 전체에 큰 영향을 미쳤어.

멘델이 유전의 법칙을 밝히고 빌헬름 뢴트겐과 퀴리 부부가 각각 X선과 라듐을 발견한 것도 이 시기였어. 오늘날 우리가 편리하게 사용하는 전화, 전등, 무선 전신, 자동차, 비행기도 모두 이때 등장한 것이란다. 이처럼 눈부시게 발달한 과학 기술은 인류의 생활을 과거와는 비교할 수 없을 정도로 편리하게 바꿔 놓았지.

이 무렵 문화 예술 부분에서는 낭만주의와 사실주의, 자연주의가 나타나 새로운 흐름을 만들었어.

이번 장에서는 19세기부터 20세기 초반의 과학 기술의 발달과 문화 예술을 알아볼 거야.

◀ 에디슨이 발명한 영사기 키네토스코프

자연 과학과 기술의 발달

19세기에는 산업 혁명과 더불어 과학 기술도 발전하였어. 생물학에서는 다윈이 《종의 기원》에서 적자생존과 진화론을 주장하여 사상계 전반에 큰 영향을 끼쳤어. 적자생존이란 생물들이 자연 선택의 과정을 거쳐 환경에 적응한 종만 살아남아 발전한다는 이론이야. 다윈의 《종의 기원》에는 이렇게 적혀 있었어.

▲ 찰스 다윈

> 생존 경쟁은 모든 생물이 높은 비율로 증식하고자 하는 경향을 띠는 데서 필연적으로 나타나는 현상이다. 모든 생물은 살아 있는 동안 수많은 알 또는 씨앗을 만들지만 그 생애의 어느 시기에는 죽어야 하는 것이다. 그렇지 않다면 기하급수적 증가 원리에 의해 개체 수가 순식간에 증가하게 되므로, 어느 나라에서도 그 자손을 수용할 수 없게 된다. 이와 같이 생존할 수 있는 수보다 더 많은 개체가 탄생하기 때문에 이 개체들은 같은 종의 다른 개체나 다른 종의 개체들 또는 물리적인 생활 환경과 생존 경쟁을 벌여야 하는 것이다.

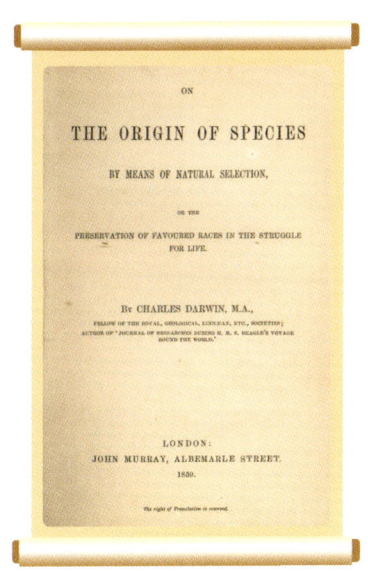

▲ 《종의 기원》

다윈의 진화론이 물꼬를 트자 그 뒤를 이어 여러 과학자가 꼬리에 꼬리를 물고 잇달아 중요한 과학 이론과 발명품을 내놓았어. 생물학 분야에서 유명한 '멘델의 유전 법칙'도 이때 발견됐어. 1865년, 오스트리아의 수도사였던 그레고어 멘델이 완두콩 교배 실험을 통해 어버이의 형질이 자손에게 전해지는 유전 현상에 관한 법칙을 밝혀낸 거야.

◀ 유전의 법칙을 발견한 멘델과 그가 완두콩 교배 실험을 했던 토마스 수도원 전경

물리학에서도 두 가지의 중요한 성과가 나타났어. 바로 'X선'과 '라듐'을 발견한 것이란다. X선은 눈에 보이지 않는 빛의 한 종류인데, 1895년에 독일의 뢴트겐이 발견했기 때문에 '뢴트겐선'이라고도 해. 뢴트겐은 다른 실험을 하던 중 우연히 사람의 몸을 관통하는 광선을 발견했는데, 도저히 알 수 없는 광선이라는 뜻에서 X선이라고 이름 붙였어. X선은 물질을 잘 통과하는 특징이 있어 병원에서 뼈 사진을 찍거나 질병을 진단할 때 쓰인단다. 그뿐 아니라 금속 재료를

검사하거나 미술품이 진짜인지 아닌지를 판별할 때 사용되는 등, 그 쓰임새가 무척 넓지. 뢴트겐은 X선 발견의 공로를 인정받아 1901년 노벨 물리학상을 받았어.

라듐은 강한 방사능을 가진 방사성 원소인데 폴란드 출신의 프랑스 물리학자 마리 퀴리와 피에르 퀴리 부부가 1898년에 다른 방사성 물질을 연구하던 중 발견했지. 마리 퀴리는 1910년 라듐을 분리하는 데도 성공했어. 라듐의 발견으로 방사성 물질에 대한 연구가 크게 발전할 수 있었단다.

의학 쪽에서 돋보인 인물은 프랑스의 루이 파스퇴르야. 그는 질병을 일으키는 세균이 공기 속에 있다는 사실을 알아냈어. 또 세균을 섭씨 60도 정도의 낮은 온도에서 없앨 수 있는 저온 살균법을 찾아내 의학 발전에 이바지했단다. 영국의 의사 에드워드 제너는 병의 원인이 되는 균을 이겨 낼 수 있는 힘을 미리 키워 질병을 예방할 수 있게 하는 예방 백신을 만들었지.

화학 분야의 성과로는 스웨덴의 화학자 알프레드 노벨이 1866년에 다이너마이트를 발명한 것을 꼽을 수 있어. 다이너마이트는 무언가를 터뜨리거나 부술 때 쓰는 폭약의 하나야. 다이너마이트는 이전의 폭약에 비해 안전하면서도 폭발력이 아주 강해 터널이나 운하를 건설하는 현장이나 광산 같은 곳에서 유용하게 쓰였지. 그 덕

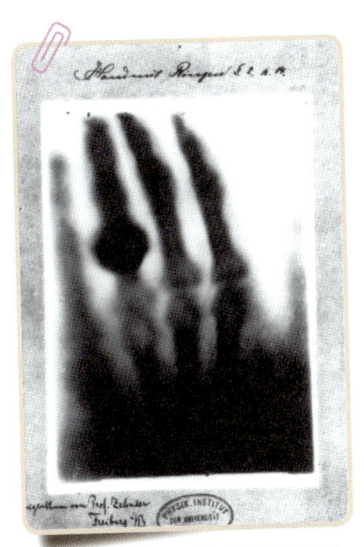

▲ 세계 최초의 X선이야. 뢴트겐이 1895년 반지를 낀 그의 아내의 손을 찍은 거야.

방사능은 라듐, 우라늄, 토륨 등의 원소의 원자핵이 붕괴하면서 방사선을 방출하는 것을 말해.

▲ 파스퇴르

노벨은 자신이 만든 다이너마이트가 전쟁에서 무기로 사용되면서 많은 비난을 받았어.

분에 노벨은 큰돈을 벌었단다.

그렇지만 다이너마이트 역시 한꺼번에 많은 사람을 죽일 수 있는 무시무시한 전쟁 무기로 쓰였단다. 이런 상황 속에서 괴로워하던 노벨은 인류를 위해 공헌할 수 있는 일이 무엇일지 생각했지. 그는 자신의 재산으로 기금을 만들어 인류 복지에 이바지한 사람이나 단체에 '노벨상'을 수여하기로 했단다.

역사 속 상식 쏙

세계적인 권위를 가진 노벨상

노벨상은 물리학, 화학, 생리·의학, 문학, 평화, 경제학의 여섯 개 부문으로 나눠 해마다 인류를 위해 가장 뛰어난 업적을 이룬 사람이나 단체에 수여하는 상이야. 매년 노벨상 수상자가 발표될 때 전 세계가 주목할 정도로 권위와 명성을 가진 상이란다.

노벨상은 다이너마이트를 발명한 스웨덴의 화학자인 알프레드 노벨의 유언에 따라 제정됐어. 노벨이 남긴 유산을 기금으로 삼아 1901년부터 다섯 개 부문에 대해 시상하다가 1969년에 경제학 부문을 새로 만들었지.

우리나라에서는 2000년에 김대중 전 대통령이 노벨 평화상을 받았어.

◀ 노벨의 모습이 새겨진 노벨상 메달

발명의 시대에 쏟아져 나온 발명품들

전화, 전등, 자동차, 비행기 중에 하나라도 없는 삶을 상상해 본 적이 있니? 이것들은 모두 현대 문명의 상징이자 우리가 살아가는 데 없어서는 안 되는 필수품이야.

이 발명품들은 모두 19세기에서 20세기 초에 처음으로 세상에 나왔단다. 그만큼 당시의 과학 기술이 발달했다는 중요한 증거이기도 하지. 그래서 이때를 '발명의 시대'라고도 해.

먼저 미국의 새뮤얼 모스는 1837년에 짧은 문장을 전기 신호로 바꾼 뒤 먼 곳까지 빠르게 보낼 수 있는 전신을 발명했어. 그때만 해도 먼 거리에 있는 사람들이 소식을 주고받으려면 편지 외에는 이용

▲ 새뮤얼 모스가 발명한 전신기

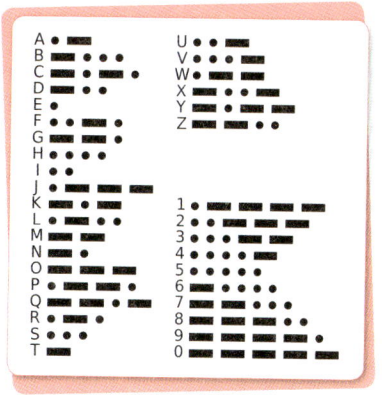

◀ 문자와 숫자를 나타낼 수 있는 모스 부호

◀ 새뮤얼 모스

▲ 뉴욕에서 시카고까지의 장거리 전화선을 설치해 시범 통화를 하는 벨

할 수단이 따로 없었는데, 전신이 발명되면서 아주 빠르게 소식을 전할 수 있게 되었지. 모스는 전신에 사용되는 전신 부호도 만들었는데, 훗날 이것을 개량해 모스 부호를 만들기도 했어. 모스 부호는 오늘날까지도 긴급 재난 시 구호 신호 등으로 사용하고 있어.

1876년에는 미국의 알렉산더 그레이엄 벨이 전화기를 세상에 선보였어. 이때부터 사람들은 멀리 떨어져 있더라도 전화기를 통해 직접 목소리를 들으며 소식을 빠르게 주고받을 수 있게 됐지.

이탈리아의 물리학자 굴리엘모 마르코니는 전신과 전화기에서 한 발 더 나아가 1896년에 무선 전신을 개발했어. 무선 전신은 '선이 없는 전신'이라는 뜻이야. 일반 전신과 전화기는 전기선이 연결되어 있어야만 사용할 수 있었는데 무선 전신 장치의 발명으로 전기선 없이도 통신을 할 수 있게 된 거야.

끊임없는 실험을 통해 1천여 가지 이상의 발명품을 세상에 선보인 발명왕 토머스 에디슨도 이때 활약했어. 에디슨은 축음기, 영사기 등 오늘날까지도 사용되는 많은 발명품을 내놓았는데 그중 가장 중요한 것은 1879년에 발명한 백열전구야. 에디슨의 백열전구는 밤에

> 축음기는 녹음 장치에 녹음된 음을 재생하는 장치야.
>
> 영사기는 필름에 촬영된 상을 영사막에 확대하여 비추는 장치를 말해.

도 낮처럼 빛을 환히 밝혀 주었을 뿐만 아니라 오래도록 꺼지지 않아 사람들의 삶을 무척 편리하게 해 주었지.

▲ 에디슨과 축음기

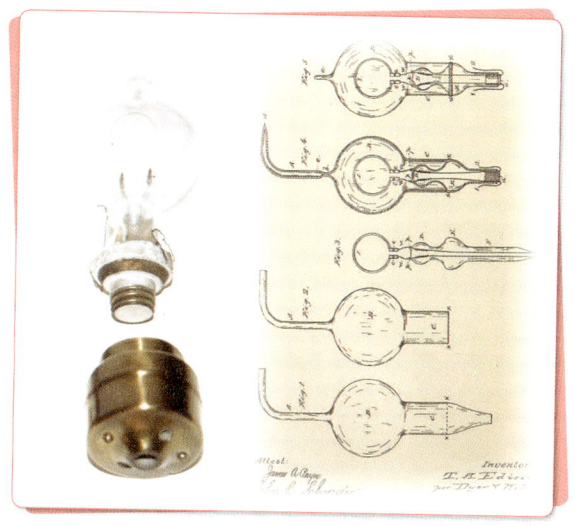
▲ 에디슨이 개선하여 발전시킨 백열전구와 백열전구의 설계도

▼ 에디슨의 실험실

▲ 카를 벤츠와 그가 1885년에 만든 가솔린 3륜 자동차

라이트 형제는 무수한 실패 끝에 1903년 12월 플라이어 1호로 역사상 최초의 비행에 성공했어.

먼 거리를 빠르게 이동할 수 있게 하는 자동차도 19세기에 등장했어. 독일의 카를 벤츠가 가솔린을 연료로 하는 3륜 자동차를 만들었고, 고틀리프 다임러는 가솔린 기관을 설치한 4륜 자동차를 만들었지. 루돌프 디젤은 경유를 이용해 피스톤을 움직이게 하는 실용적인 디젤 기관을 발명했어.

이 밖에도 사진을 찍는 사진기, 텔레비전의 시초라고 할 수 있는 브라운관, 방송을 들을 수 있는 라디오 등이 19세기에서 20세기 초에 발명되었지.

그중에서도 세상을 가장 놀라게 한 발명품은 미국의 라이트 형제가 만든 비행기야. 라이트 형제는 1903년 자신들이 만든 비행기를 타고 하늘을 나는 데 성공했어. 하늘을 날고 싶다는 인류의 오래된 꿈이 성취된 순간이었지. 비행기의 발명으로 그동안 육지와 바다에서만 이뤄졌던 교통이 하늘이라는 공간으로까지 크게 넓혀졌어.

이렇게 잇달아 쏟아져 나온 발명품들은 사람들의 생활을 한층 편리하게 만들었어. 사람들은 이런 새로운 발명품들을 접하면서 세상이 점점 발전하고 있다고 믿었지.

역사 속 상식 쏙

전화기를 최초로 발명한 사람은 벨이 아니다?

알렉산더 그레이엄 벨은 전화기를 세상에 선보이고 널리 보급한 사람이지만, 최초로 전화기를 발명한 사람은 아니란다. 벨보다 먼저 전화기를 만들었거나 벨과 비슷한 시기에 전화기를 만든 사람들이 있었지.

다만 벨은 가장 먼저 전화기에 대한 특허권을 따낸 인물이야. 먼저 특허권을 땄기 때문에 전화기를 만들어 팔 수 있는 권리를 얻었던 것이란다.

벨의 전화기는 처음에는 사람들에게 이상한 장난감 취급을 받으며 외면당했어. 목소리가 전달되는 것은 신기하지만 그것을 어떻게 사용해야 할지는 몰랐던 거야. 당시 사람들은 전화선을 통해 질병이 옮는 것은 아닐지, 누군가 통화 내용을 엿듣지는 않을지 걱정했다고 해. 심지어는 전화기를 사용하면 청각 장애나 정신 질환을 얻을 수도 있다는 소문까지 퍼졌단다.

▲ 벨

벨의 전화기는 1876년 여름, 미국 필라델피아에서 열린 미국 독립 100주년 기념 산업 박람회에서 비로소 빛을 보았어. 박람회에 왔던 브라질 황제가 전화기를 사용한 뒤 극찬하면서 큰 인기를 끌게 된 거야. 그 뒤 전화기는 세상에 널리 알려지며 빠르게 퍼져 나갈 수 있었단다.

역사 속 상식 쏙

라이트 형제, 비행기로 하늘을 날다

"하늘을 훨훨 날 수 있다면 얼마나 좋을까?"

"그러게, 무척 신기하고 재미날 것 같은데. 딱 한 번만이라도 하늘을 날아 봤으면 좋겠어."

형 윌버 라이트와 동생 오빌 라이트는 어릴 때부터 이런 꿈을 키웠어. 아버지가 사다 준 작은 프로펠러 장난감을 갖고 놀면서 실제로 하늘을 날고 싶다는 꿈을 꾼 거야.

그렇지만 라이트 형제가 하늘을 나는 기계, 즉 비행기에 관심이 생긴 건 어른이 되어 자전거 가게를 할 때였어. 독일 사람이 글라이더를 타고 하늘을 날다가 떨어져 죽었다는 기사를 본 것이 계기였지.

라이트 형제는 직접 비행기를 만들어 보기로 마음먹었어. 자전거를 직접 만들어 팔고 있었기 때문에 기계를 만드는 것에는 어느 정도 자신이 있었거든.

▲ 윌버 라이트(형)

그날부터 둘은 자전거 가게에서 일하는 틈틈이 도서관에 가서 하늘을 나는 법이나 비행기에 대한 책을 살펴봤어. 비행기를 다룬 학술 논문도 구해 읽었지.

형제는 새가 하늘을 나는 모습을 관찰해 비행기의 날개 모양을 연구하기도 했어. 그러다가 새가 하늘을 날 때 날개를 비틀어서 중심을 잡고 방향을 바꾼다는 걸 알게 되었지.

"어렵게 생각할 것 없어. 새가 하늘을 날 듯 비행기를 만들면 될 거 아냐?"

"맞아. 새의 비행 원리를 기계에 적용해 보자."

라이트 형제는 이러한 생각으로 새처럼 날개를 비틀 수 있는 글라이더를 만들었어. 그러고는 공터로 가서 비행 실험을 했지.

▲ 오빌 라이트(동생)

이후 라이트 형제는 글라이더에 엔진을 달고 프로펠러를 돌려 보기로 했어. 그렇게 하면 더 멀리, 그리고 오랫동안 날 수 있을 것 같았거든. 두 사람은 수많은 실험을 한 끝에 엔진과 프로펠러가 달린 비행기를 만들었어. 이게 바로 '플라이어호'야.

> 글라이더란 고정 날개를 가지고 있지만 자체에 엔진이나 추진 장치가 없이 바람 에너지 등으로 비행하는 항공기를 말해.

1903년 12월, 라이트 형제는 미국 노스캐롤라이나주 키티호크에 있는 킬 데블 힐스 모래벌판으로 가서 직접 만든 비행기를 타고 하늘을 날았어. 인류 역사에 한 획이 그어진 순간이었지. 라이트 형제의 발명 이후 인류는 비로소 하늘을 자유롭게 날게 되었단다.

처음으로 플라이어호를 탄 오빌이 하늘을 난 거리는 약 36미터였어. 땅으로부터의 높이는 3미터였고, 비행한 시간은 12초였지. 그렇지만 이날 세 번이나 더 실험한 끝에 마지막에는 윌버가 59초 동안 260미터나 날 수 있었단다.

그 뒤 라이트 형제는 플라이어호를 여러 번 고치면서 계속 새로운 모델을 만들었어. 새 모델이 나올 때마다 플라이어호의 비행 시간은 점점 길어지고 비행 속도도 빨라졌지.

라이트 형제는 모든 사람이 무모한 일이라며 기대하지 않았던 비행기를 만드는 일에 몰두했어. 또 매번 목숨을 걸어야 할 만큼 위험한 비행 실험을 수도 없이 반복했지. 그들의 이런 노력이 없었다면 오늘날처럼 비행기로 세계 여러 나라를 쉽고 빠르게 왕래하는 지구촌 시대는 오지 않았을지도 몰라.

▼ 라이트 형제의 비행 실험 장면

낭만주의와 사실주의

산업 혁명, 미국 독립 혁명, 프랑스 혁명 등 19세기는 사회적·경제적·정치적으로 큰 변혁의 시기였어. 문화·예술 분야에서도 커다란 변화가 일어났어. 산업과 과학 기술의 발달로 삶의 양식이 달라지면서 자연스레 사람들의 생각도 변해 갔기 때문이야.

18세기 말에서 19세기 중엽까지 낭만주의가 널리 퍼졌고, 19세기 중엽부터는 사실주의가 발달했어.

낭만주의는 인간이 가진 감정, 상상력, 본능, 개성을 중요하게 여기는 예술의 흐름이야. 낭만주의는 고전의 엄격함과 규칙을 중요하게 여기는 신(新)고전주의에 반발하여 나타났지.

▲ 안데르센

낭만주의 문학의 대표 작가로는 영국의 바이런, 독일의 하이네, 러시아의 푸시킨 등이 있어. 《인어 공주》, 《벌거벗은 임금님》, 《미운 오리 새끼》 등을 쓴 덴마크의 안데르센도 낭만주의 작가란다. 음악에서는 오스트리아의 슈베르트, 폴란드의 쇼팽, 헝가리의 리스트 등이 낭만주의 작품을 남겼지. 미술에서는 영국의 윌리엄 터너, 프랑스의 외젠 들라크루아 등이 낭만주의 화가로 불린단다.

그러다가 19세기 중엽부터는 낭만주의가 약해지고 현실 그대로를 나타내고자 하는 사실주의가 힘을 얻기 시작했어. 사실주의란 본 적 없는 상상 속의 대상이 아니라 지금 살아가는 사람들의 생활 모습을 있는 그대로 작품 속에 표현하는 방식을 말하지.

사실주의 문학의 대표 작가로는 영국의 찰스 디킨스, 러시아의 도스토옙스키와 톨스토이, 프랑스의 스탕달과 발자크 등이 있었어. 음

❶ 윌리엄 터너의 〈눈보라-항구 어귀에서 멀어진 증기선〉
❷ 외젠 들라크루아의 〈단테의 배〉
낭만주의

❸ 일리야 레핀의 〈볼가강의 배 끄는 인부들〉
❹ 귀스타브 쿠르베의 〈화가의 작업실〉
사실주의

악에서는 러시아의 무소르그스키, 체코의 스메타나가 사실주의 작품을 남겼어. 미술에서는 프랑스의 밀레와 귀스타브 쿠르베, 러시아의 일리야 레핀 등이 사실주의 화가로 꼽힌단다.

📖 세계사가 한눈에 쏙!

01 19~20세기 초 발명의 시대에 생물학에서는 멘델이 유전의 법칙을 발견했고, 물리학에서는 뢴트겐이 X선을 발견했으며, 퀴리 부부가 방사성 원소인 라듐을 발견했다. 의학 분야에서는 파스퇴르가 저온 살균법을 찾아냈으며 제너는 예방 백신을 만들었다. 화학 분야에서는 노벨이 다이너마이트를 만들었다.

02 모스가 전신을 발명하고, 벨은 전화기를 선보였으며 마르코니는 무선 전신을 개발했다. 에디슨은 1천여 가지의 발명품을 발명했는데 그중에서도 백열전구의 발명은 인류 삶의 모습을 크게 변화시켰다. 벤츠와 다임러는 가솔린으로 작동하는 자동차를 만들었으며, 디젤은 디젤 기관을 만들었다. 라이트 형제는 비행기를 만들어 하늘을 날고 싶다는 인류의 오랜 꿈을 실현시켰다.

03 19세기 문화 예술 영역에서는 초반에는 낭만주의가 새로운 예술의 흐름으로 자리 잡았다. 이후 19세기 후반에는 사실주의가 발달했다. 낭만주의는 인간이 가진 감정, 상상력, 본능 등을 중요하게 여기는 예술의 경향을 말한다. 낭만주의가 지고 난 뒤 나타난 사실주의는 현실을 있는 그대로 표현하는 양식이다.

사진 저작권

| 8쪽 산업 혁명 [출처] 위키피디아 (CCO)
| 10쪽 플라잉 셔틀이 사용된 방직기 [출처] 위키피디아 (CCO)
| 10쪽 북 [출처] 위키피디아 (CCO)
| 11쪽 제니 방적기 [출처] 위키피디아 (CCO)
| 11쪽 아크라이트의 수력 방적기 [출처] 위키피디아 (CCO)
| 12쪽 증기 기관 특허장 [출처] 위키피디아 (CCO)
| 14쪽 클러먼트호 [출처] 셔터스톡
| 14쪽 로켓호 [출처] 셔터스톡
| 17쪽 런던 박람회 [출처] 위키피디아 (CCO)
| 21쪽 산업 혁명 당시 가난한 노동자들이 살던 런던의 뒷골목 [출처] 위키피디아 (CCO)
| 22쪽 러다이트 운동 [출처] 위키피디아 (CCO)
| 23쪽 작업장을 파괴하려는 사람들과 대치하는 공장 소유주 [출처] 셔터스톡
| 24쪽 어린이 노동자 [출처] 셔터스톡
| 25쪽 어린이 노동 문제 [출처] 위키피디아 (CCO)
| 30쪽 델라웨어강을 건너는 워싱턴 [출처] 위키피디아 (CCO)
| 31쪽 렉싱턴 전투 [출처] 위키피디아 (CCO)
| 33쪽 벙커 힐 전투 [출처] 위키피디아 (CCO)
| 34쪽 토머스 페인의 《상식》 [출처] 위키피디아 (CCO)
| 35쪽 러시모어산 [출처] 셔터스톡
| 36쪽 미국 독립 선언서 [출처] 위키피디아 (CCO)
| 37쪽 2달러 지폐 [출처] 셔터스톡
| 37쪽 미국 독립 선언서에 서명하는 사람들 [출처] 위키피디아 (CCO)
| 39쪽 미국 독립 기념관, 서명 장소(내부) [출처] 위키피디아 (CCO)
| 39쪽 미국 독립 기념관(외부) [출처] 셔터스톡
| 41쪽 파리에서 루이 16세를 만나는 벤저민 프랭클린 [출처] 위키피디아 (CCO)

| 41쪽 새러토가 전투 [출처] 위키피디아 (CCO)
| 42쪽 영국군의 항복을 받는 조지 워싱턴 [출처] 위키피디아 (CCO)
| 44쪽 성조기(2종) [출처] 위키피디아 (CCO)
| 45쪽 자유의 여신상 [출처] 셔터스톡
| 47쪽 1달러 지폐 [출처] 셔터스톡
| 52쪽 프랑스 사회 구조 풍자화 [출처] 위키피디아 (CCO)
| 54쪽 프랑스의 부르주아 [출처] 셔터스톡
| 56쪽 1789년 베르사유 궁전에서 열린 삼부회 [출처] 위키피디아 (CCO)
| 58쪽 테니스 코트의 서약 [출처] 위키피디아 (CCO)
| 58쪽 바스티유 감옥 공격 [출처] 위키피디아 (CCO)
| 59쪽 프랑스 혁명 기념탑 [출처] 위키피디아 (CCO)
| 59쪽 바스티유 오페라 극장 [출처] 셔터스톡
| 61쪽 인간과 시민의 권리 선언 [출처] 위키피디아 (CCO)
| 62쪽 베르사유 궁전 내부 [출처] 셔터스톡
| 63쪽 베르사유 궁전을 향해 행진을 하는 파리의 여성 시민들 [출처] 위키피디아 (CCO)
| 63쪽 튈르리 궁전 [출처] 위키피디아 (CCO)
| 64쪽 단두대 [출처] 위키피디아 (CCO)
| 64쪽 루이 16세의 사형 장면 [출처] 위키피디아 (CCO)
| 66쪽 처형장으로 끌려 가는 마리 앙투아네트 [출처] 위키피디아 (CCO)
| 66쪽 올랭프 드 구즈의 사형 장면 [출처] 위키피디아 (CCO)
| 67쪽 프랑스 국기 [출처] 위키피디아 (CCO)
| 72쪽 알프스 산맥을 넘는 나폴레옹 [출처] 위키피디아 (CCO)
| 73쪽 나폴레옹 법전 [출처] 위키피디아 (CCO)
| 74쪽 나폴레옹의 대관식 [출처] 위키피디아 (CCO)
| 75쪽 러시아에서 철수하는 나폴레옹 군대 [출처] 위키피디아 (CCO)
| 75쪽 워털루 전투 [출처] 위키피디아 (CCO)

| 79쪽 그리스 독립 전쟁 기록화 [출처] 위키피디아 (CCO)
| 79쪽 〈미솔롱기의 폐허 위에 선 그리스〉 [출처] 위키피디아 (CCO)
| 80쪽 〈민중을 이끄는 자유의 여신〉 [출처] 셔터스톡
| 81쪽 2월 혁명 [출처] 위키피디아 (CCO)
| 82쪽 차티스트 운동 [출처] 위키피디아 (CCO)
| 85쪽 빌헬름 1세 즉위식 [출처] 위키피디아 (CCO)
| 92쪽 남북 전쟁 [출처] 위키피디아 (CCO)
| 94쪽 눈물의 길에 세워진 체로키족 추모비 [출처] 위키피디아 (CCO)
| 94쪽 눈물의 길에 세워진 표지판 [출처] 위키피디아 (CCO)
| 95쪽 〈목화 따는 사람들〉 [출처] 위키피디아 (CCO)
| 97쪽 미국 남부 대농장에서 일하는 노예들 [출처] 위키피디아 (CCO)
| 98쪽 앤티텀 전투 [출처] 위키피디아 (CCO)
| 99쪽 게티즈버그 전투 [출처] 위키피디아 (CCO)
| 99쪽 남북 전쟁 당시 군사들 [출처] 위키피디아 (CCO)
| 99쪽 게티즈버그 국립 군사 공원 [출처] 위키피디아 (CCO)
| 100쪽 미국 대륙 횡단 철도의 첫 운행 [출처] 위키피디아 (CCO)
| 101쪽 에이브러햄 링컨의 죽음 [출처] 위키피디아 (CCO)
| 102쪽 《톰 아저씨의 오두막》 표지 [출처] 위키피디아 (CCO)
| 102쪽 KKK단 [출처] 위키피디아 (CCO)
| 107쪽 농노 해방령 기념 주화 [출처] 위키피디아 (CCO)
| 112쪽 제국주의 [출처] 위키피디아 (CCO)
| 114쪽 세실 로즈 [출처] 위키피디아 (CCO)
| 115쪽 수에즈 운하 완공 [출처] 셔터스톡
| 120쪽 아편을 폐기하는 임칙서 [출처] 위키피디아 (CCO)
| 121쪽 애로호 사건 [출처] 위키피디아 (CCO)

| 122쪽 난징 조약 [출처] 위키피디아 (CCO)
| 123쪽 태평천국 옥새 [출처] 위키피디아 (CCO)
| 125쪽 메이지 천황의 도쿄 방문 [출처] 위키피디아 (CCO)
| 126쪽 이와쿠라 사절단 [출처] 위키피디아 (CCO)
| 126쪽 일본의 천황 중심 헌법 반포 [출처] 위키피디아 (CCO)
| 127쪽 식민지 전시관 내 원주민들 [출처] 위키피디아 (CCO)
| 128쪽 시카고 박람회 [출처] 위키피디아 (CCO)
| 130쪽 의화단 [출처] 위키피디아 (CCO)
| 138쪽 에디슨의 영사기 [출처] 위키피디아 (CCO)
| 139쪽 《종의 기원》 [출처] 위키피디아 (CCO)
| 140쪽 토마스 수도원 [출처] 위키피디아 (CCO)
| 141쪽 세계 최초의 X선 사진 [출처] 위키피디아 (CCO)
| 142쪽 노벨상 메달 [출처] 위키피디아 (CCO)
| 143쪽 새뮤얼 모스의 전신기 [출처] 위키피디아 (CCO)
| 144쪽 시범 통화를 하는 그레이엄 벨 [출처] 위키피디아 (CCO)
| 145쪽 에디슨과 축음기 [출처] 셔터스톡
| 145쪽 백열전구와 설계도 [출처] 위키피디아 (CCO)
| 145쪽 토머스 에디슨의 실험실 [출처] 위키피디아 (CCO)
| 146쪽 가솔린 자동차 [출처] 위키피디아 (CCO)
| 149쪽 라이트 형제의 비행 실험 장면 [출처] 위키피디아 (CCO)
| 151쪽 〈눈보라-항구 어귀에서 멀어진 증기선〉 [출처] 위키피디아 (CCO)
| 151쪽 〈단테의 배〉 [출처] 위키피디아 (CCO)
| 151쪽 〈볼가강의 배 끄는 인부들〉 [출처] 위키피디아 (CCO)
| 151쪽 〈화가의 작업실〉 [출처] 위키피디아 (CCO)

열다 지식을 열면, 지혜가 열립니다. 나만의 책을, 열다.

한눈에 쏙 세계사
7 혁명의 시대

초판 1쇄 발행 2020년 01월 02일
초판 5쇄 발행 2021년 12월 13일

글 신현수 그림 이은열 감수 박소연·손은혜

ⓒ 신현수, 이은열 2020
ISBN 979-11-90267-36-6 73900

* 저작권법에 의하여 한국 내에서 보호를 받는 저작물이므로 무단 전재와 무단 복제를 금합니다.
* 이 도서의 국립중앙도서관 출판예정도서목록(CIP)은 서지정보유통지원시스템 홈페이지(http://seoji.nl.go.kr)와
  국가자료공동목록시스템(http://www.nl.go.kr/kolisnet)에서 이용하실 수 있습니다. (CIP제어번호: CIP2019051353)
* 책값은 뒤표지에 있습니다.
* 잘못 만들어진 책은 구입하신 곳에서 바꾸어 드립니다.

발행처 주식회사 스푼북 | 발행인 박상희 | 출판신고 2016년 11월 15일 제2017-000267호
제조국 대한민국 | 주소 (03993) 서울시 마포구 월드컵북로 6길 88-7 ky21빌딩 2층
전화 02-6357-0050(편집) 02-6357-0051(마케팅)
팩스 02-6357-0052 | 전자우편 book@spoonbook.co.kr
*12세 이상 어린이 제품

열다 는 스푼북의 어린이책 브랜드입니다.

제품명 한눈에 쏙 세계사 7	제조자명 주식회사 스푼북	제조국명 대한민국	⚠ 주 의
전화번호 02-6357-0050	주소 서울시 마포구 월드컵북로 6길 88-7 ky21빌딩 2층		아이들이 모서리에 다치지
제조년월 2021년 12월 13일	사용연령 12세 이상		않게 주의하세요.
※ KC마크는 이 제품이 공통안전기준에 적합하였음을 의미합니다.